بسم الله الرحمن الرحيم

Zübeyir Yetik

1941'de Siverek'te doğdu. İlkokulu Siverek ve Ceylanpınar'da, ortaokulu Siverek'te, liseyi Şanlıurfa'da okudu. Adana İktisadî ve Ticarî İlimler Akademisi'nden mezun oldu; İstanbul Üniversitesi İşletme Fakültesi'nde yüksek lisans yaptı. Çeşitli kamu kuruluşlarında çalışan Yetik, haftalık ve aylık dergilerde yazdı. 1974 yılında Milli Gazete'nin başına geçti. 1992-2002 yıllarında Akit Gazetesi'nde haftalık yazılar yazdı. Sosyal kuruluşlarda ve sendikacılık alanında yoğun faaliyetler yürütmüştür. Çocuk kitapları da kaleme almış olan Zübeyir Yetik'in yayımlanmış eserlerinden bazıları şunlardır:

Dörtlükler, Şiir, Reha Yayınları, 1960.
Aksiyon-Ahlâk-Ekonomi, Makalelerden Derleme, Çığır Yayınları, 1975.
Ak-Elif, Şiir, Çığır Yayınları, 1976.
İslâm Savaşçısına Notlar, Deneme/Strateji, Çığır Yayınları, 1976 ve Beyan Yayınları, 1990.
İnsanın Serüveni, Deneme, Beyan Yayınları, 1984 ve 1991.
Yeryüzünde Kötülük Odakları (10 Kitab), Beyan Yayınları.
Çağdaş Bilimin Saplantısı, Denemeler, Akabe Yayınları, 1986.
İmam Şamil, Siyasal Tarih Yorumu, Beyan Yayınları, 1986 ve 1998.
Ekonomiye Değinmeler, Denemeler, Akabe Yayınları, 1987.
İslâm Düşünce Tarihinde Mezhepler, Araştırma, Beyan Yayınları, 1990.
Siyasal Katılım, Siyasal Tarih Yorumu, Fikir Yayınları, 1990.
Her Nemrud'a Bir İbrahim, Siyasal Tarih Yorumu, Beyan Yayınları, 1990.
Ekonomi Bir Din midir, İnceleme, Beyan Yayınları, 1991.
İnsanın Yüceliği ve Guenoniyen Batınîlik, Siyaset Felsefesi, Fikir Yayınları, 1992.
Geçmişten Notlar, Anı, Beyan Yayınları, 2009.

EBU CEHİL

Zübeyir Yetik

pınar yayınları: 303
genç öncüler kitaplığı: 20
ebu cehil - zübeyir yetik

isbn: 978-975-352-339-4

birinci basım: mart 2012

içdüzen ve kapak: tekin öztürk
www.tekinozturk.com.tr

baskı-cilt:
step ajans rek. mat. tan. ve org. ltd.şti.
bosna cd. no: 11 34200 bağcılar-istanbul
tel: 0212 446 88 46 stepajans@gmail.com
matbaa sertifika no: 12266

yayınevi sertifika no: 22787

pınar yayınları
alay köşkü cad. civan han no:6/3 cağaloğlu-istanbul
tel: 0212 520 98 90 - 527 06 77
bilgi@pinaryayinlari.com

www.pinaryayinlari.com

İçindekiler

ÖNSÖZ 7
GİRİŞ 13
   I. Simge 13
   II. Kimlik 14
   III. Bütün Bir Dönem 16

Bölüm 1: ORTAM VE YAŞAYIŞ 19
   I. Yeryüzünde Bir Cennet 21
   II. Yaşamın Biçimlenişi 24
   III. Ve Kadın 26
   IV. Kesit 28
   V. Tip 30
   VI. Teselliler 31
   VII. Putçuluk 34
   VIII. Yalan Üstü Yalan 36
   IX. Arayışlar 37

Bölüm 2: SARSINTI 41
   I. Bir Tek Cümle 43
   II. Çerçevede Bulunanlar 45
   III. Elçi 47
   IV. Pekiştirme 49
   V. Çağrı 50
   VI. Yaratanın Yaratışı 51
   VII. Rahman 56
   VIII. İnanç Temeli 60
   IX. Teslimiyet 62

Bölüm 3: DİRENME 65
   I. Sebepler 67
   II. Usulsüzlük 70
   III. Kamuoyu Oluşturma 73
   IV. Vuruşlar 77
   V. Diğer Etkenler 81
   VI. Olaylar 84

Bölüm 4: KISA BİR DEĞERLENDİRME 89

Bölüm 5: SÜREÇ 97
   I. Kilometre Taşları 99
   II. Yenilenme 100
   III. Üçüncü Seçenek 104
   IV. Temel Fark 105
   V. İşaret Taşı 108

Bölüm 6: AMAÇ: ÖZGÜR BİREY 111

Önsöz

Basılmış 25 kitabımdan yeni baskıları yapılmış olanların sayısı pek azdır. Bu yeni baskılar söz konusu olduğunda da zorunlu olmadıkça onlar üzerinde düzeltmeler, iyileştirmeler yapmamaya; kısacası ilk baskıya ilişmemeye özen göstermişimdir.

Kitaplar, bence, yazıldığı ve dolayısıyla da ilk baskılarının yapıldığı dönemlere aittir; o dönemlerin ürünüdür, malıdır. Kendileriyle birlikte bir dönemi de geleceğe taşıyacakları için öylece kalmalıdırlar.

Bunu öylesine benimsemişimdir ki, hem editörümün hem de benim çok önemsediğimiz *"İnsanın Serüveni"* başlıklı kitabımı -yeni baskısı için- "genişletmek" gerektiğinde bile ilk metnine el değdirmemiş, bu işi, her bölümün sonuna ayrı karakterde harflerle eklentiler yaparak gerçekleştirmişimdir.

"Yeryüzünde Kötülük Odakları" ana-başlıklı dizi kitaplarımın yeni baskısı için, 25 yıllık aradan sonra, Pınar Yayınları tarafından öneri getirildiğinde de, ilk düşüncem, yalnızca dizgi yanlışlarına bakıp, kitapları öylece bastırmak olmuştu.

Ancak bu kez farklı davranmamı gerektiren iki durumla karşılaştım.

Birincisi, kitaplar ağırlıklı olarak "gençler" için basılacaktı; bu belirtilmişti.

İkincisi, dizinin ilk kitabına göz attığımda bile konularının çok önemli olduğunu ve yeniden ele alınması gerektiğini fark ettim.

Bu iki sebepten ötürü, bu kitapların yeni baskısına yaklaşımım farklı oldu.

Bunun sonucu olarak da kitapları gözden geçirmek değil de, neredeyse yeniden yazmak gibi bir durum ortaya çıktı. Öyle ki, -çatısı dışında- kitapların içeriği bütünüyle yeni baştan yazıldı dersem, abartmış olmam.

Kitapların gençlere yönelik oluşu sebebiyle yine bir ilki gerçekleştirdim.

Yazı ve kitapların basımdan önce başkalarınca okunmasını hiç mi hiç istemeyen yapıma karşın, bu kez, "gençler için" basılacak bu kitapları bir "genç beyin" gözden geçirirse yararlı olur diye düşündüm.

Çok okuyan, ama eleştirel gözle okuyan, okuduklarını da zaman zaman "net" ortamında benimle tartışan bir gençle, Zeynep Armağan'la olan tanışıklığımı da anımsayınca, "önceden okutmak" düşüncesi daha bir ağırlık kazandı.

Bu düşüncemi Zeynep'e aktararak bana yardımcı olmasını önerdim; kabul etti.

Zeynep, ön okuma yaparak düşüncelerini notlar halinde bana iletti. Yeniden yazım aşamasında da irdeleme, tartışma ve öneride bulunma bağlamında önemli katkıları oldu. Bu arada dikkat dağınıklığından kaynaklanabilecek yanlışlara karşı da metin içinde gönderme yaptığım ayetleri gözden geçirdi. Kısaca söylemek gerekirse asistanlığından büyük ölçüde yararlandım. Emeğinden dolayı kendisine teşekkür ediyorum...

Kitapların hayırlara vesile olmasını diliyorum.

Zübeyir YETİK
Başakşehir Kasım/2011

"Esirgeyen, Bağışlayan Allah'ın adıyla...
"Ebu Leheb'in elleri kurusun;
"kurudu da.
"Malı ve kazandığı yarar sağlamadı, ona...
"O, alevli ateşe yaslanacaktır;
"Boynunda liften bir iple odun taşıyarak karısı da ... "
(111/Tebbet Suresi)

Giriş

I. Simge

Okuyucuya bir biyografi sunmayı düşünmediğimizi, bu kitabın böyle bir amaç taşımadığını belirtmeliyiz hemen.

Çünkü Ebu Cehil, belli bir dönemde yaşamış, yaşamının hemen her kesiti apaçık ortada bir kişilik olmakla birlikte, öteki ve asıl önemli yanıyla da Yeryüzündeki kötülük odaklarından bir odaktır. Üstelik sıradan da değil; saydığımız diğer kimliklerin hepsine birden "simge" sayılabilecek çapta bir odak, odakların odağında yer alan bir kimlik...

Bunun böyle olması, yazım sırasında biyografik açılımlı ve kaynaklı her çeşit kaygıyı bir yana itmek, konuya farklı bir bağlamda el atmak sonucunu doğurmuş; sonunda, "Ebu Cehil", tarih içinde yer alan bir kişilik değil de, Yeryüzünün bütün zamanları boyunca gündemde kalacak olan bir simge olarak konu edinilmiş, özellikle bu yanının vurgulanması yoluna gidilmiştir.

Evrendeki her şeyin çift yaratılmış olduğu gerçeği (51/ Zariyat: 49), bu "çift" olmaklığın "karşıtlık"ları anlattığı (Celaleyn, Medarik) ve söz konusu karşıt çiftlerin yalnızca eş-yada da kalmayıp, ta insanın kalbindeki yetilere dek uzanabilecek (Tirmizi: 3172) bir kapsam genişliği belirttiği noktasından yola çıkarsak, göreceğiz ki, gönderilmiş olan her peygamberin de bir karşıtı vardır ve bu durum, halkın ağzında bile, "Bulunur her Musa'nın bir firavunu" deyişiyle yer almıştır.

Denge gereği, kuşkusuz ki, karşıtlar arasında bir "oran denkliği"nin bulunması da zorunludur. Bu zorunluluktandır ki, en büyük peygamber olan Efendimiz aleyhissalatüvesselamın karşısına çıkan, karşıt tutum takınan, engellemelere kalkışan, yok etme girişiminde bulunan Ebu Cehil, diğer peygamberlere musallat olanlara göre, elbette, daha dikkat çekicidir; onların içinde "en büyük" olma noktasındadır.

Nur'un Kaynağı'nın karşısında yer alan, elbette ki, zulmetin kaynağı olacak; bu durum, rahmet olarak gönderilen (21/ Enbiya: 107) bir Peygamberi yadsıyan kimseyi, doğal olarak, kötülük odaklarının odağı, onların tümünün simgesi konumuna oturtacaktır.

II. Kimlik

Bu kitap bir biyografi çalışması olmamakla birlikte, konunun çerçevesini tam anlamıyla çizmiş olmak için Ebu Cehil'in tarihsel kişiliğini tanıtmakta hem zorunluluk, hem de yarar vardır.

Özetleyecek olursak, onun hakkında şunları söyleyebiliriz: Adı: Amr. Babası: Hişam. Dolayısıyla tam adı da: Amr oğlu Hişam...

Arap geleneği gereği, oğlunun adı dolayısıyla Ebu'l-Hakem (Ebu Hakem) olarak bilinmekte, tanınmakta, anılmakta.

Annesinden dolayı, bir de, "İbnü'l-Hanzeliye" diye anılıyor. Hanzeliye'nin oğlu...

Mekkeli... Kureyş'ten... Kureyş'in Mahzum kolundan... Bilindiği gibi, Allah'ın Elçisi Efendimiz aleyhissalatüvesselam da Kureyş'in Haşimoğulları kolundandır.

Allah'ın Elçisinin yaşıtı...

Zekâsı, yürekliliği, cömertliği, inceliği ve insanlarla ilişkilerindeki tutarlılığıyla tanınmış bir kimse. Öyle ki, bu seçkin yanlarından İslâm'ın yararlanabilmesi için, Allah'ın Elçisi Efendimiz aleyhissalatüvesselam ya onun veya Hattab oğlu Ömer'in İslâm'a gelmesi yolunda dua buyurmuş (Tirmizi: 3926 ve 3928) ve bilindiği gibi bu dua, Ömer'in Müslüman olmasıyla gerçekleşmiştir.

Beyhaki'nin Şu'be oğlu Muğire'den aktardığı şu hadis, Ebu Cehil'in hem durumunu, hem de tutumunu çok güzel belirtmekte:

Allah'ın Elçisi, Ebu Cehil'i İslâm'a çağırmış, o olumsuz karşılık vermiş, bunun üzerine birbirlerinden ayrılmışlarken, Ebu Talib oğlu Ali çıkagelmiş ve Ebu Cehil ona şu sözleri söylemiştir: "Vallahi O'nun söylediklerinin gerçek olduğunu biliyorum. Ama bana engel olan bir şey var. Kusayoğulları 'Hicabe (Kâbe'ye örtü giydirme) bizde, sikaye (hacılara su sağlama) bizde, nedve (danışmanlık) bizde, liva (sancak taşıma) bizde.' diyorlar. Bu böyledir ve onları doğruluyoruz. Onlar yedirip içirdiler; biz de yedirip içirdik. Bu alanlarda birbirimize denktik. Ama şimdi, 'Peygamber de bizdendir.' diyorlar. Orayı bırakıp da bu yana gelemem, doğrusu..." (Hayatü's-Sahabe: C 1, Shf: 82.)

Benzer bir rivayet de İbni Hişam'da yer alır. Şu farkla ki, burada, Allah'ın Elçisinin Ebu Cehil'i İslâm'a çağırması olayının yerine, Ebu Cehil, Ebu Sufyan ve Ahnes Sakafi'nin geceleyin gizlice gidip de Allah Elçisinin Kur'ân-ı Kerim okuyuşunu dinledikleri gecenin ertesi günü anlatılmakta ve Ebu Cehil de Ali'ye değil de Ahnes'e söylemektedir benzeri sözleri: "O'ndan ne işittim ki? Şeref konusunda Abdimenaf boyu ile anlaşmazlığa düştük. Onlar halka yemek yedirdiler, biz de yedirdik. Onlar binek verdiler, biz de verdik. Onlar bağışta bulundular, biz de bulunduk. Sonunda aynı düzeye ulaşıp, birbirleriyle kulak kulağa giden iki yarış atı durumuna geldiğimizde, onlar 'İşte bizden kendisine gökten vahiy gelen bir peygamber çıktı.' dediler. Biz buna ne zaman ulaşacağız? Vallahi biz bu peygambere kesinlikle inanmayız ve onu doğrulamayız." (İbni Hişam: C. 1, Shf: 337-338)

Ebu'l-Hakem Amir bin Hişam'a "Ebu Cehil" adını veren, Efendimiz aleyhissalatüvesselam... O'nun bu adlandırmasından sonra, hep, öylece anıla gelmiş. Cehlin/bilmezliğin babası anlamına gelen ad...

Bu adın verilmesi, her fırsatta göğe doğru uluyan köpekler gibi İslâm'a, Efendimize ve O'nun bağlılarına saldırmasından dolayı. Bunu, zaman zaman kitap içinde aktaracağız. O yüzden burada üzerinde durmuyoruz.

Ölümü, Bedir'de... Yara almış... Ölmek üzereyken de başı kesilmiştir. İslâm tarihinde ilk koparılan kelle, işte Ebu Cehil'inki...

III. Bütün Bir Dönem

"Cehl/Bilmezlik", yalnızca Ebu Cehil'e özgü değil, İslâm'a karşı çıkan da bir o değil ki... Düzineleri aşan kimseler... Peygamber amcası Ebu Leheb başta olmak üzere düzinelerle insan Ebu

Cehil'le birlikte, onun yanı başında, aynı tutumu sergilemekte. Allah'ın Elçisinin getirdiklerine karşı çıkışlarda ve O'na inananlar üzerine baskı kurmakta birleşmiş ve anlaşmış olan niceleri...

Ebu Cehil, işte, tüm bunların da simgesi. Önder olarak, kışkırtıcı olarak, körükleyici olarak, düzenleyici olarak, güdücü olarak, örnek olarak, elebaşı olarak, katılımcı olarak, karşı koyucu olarak, baskı yapıcı olarak kimler varsa, kimlikleri bir yanda kalma durumunda, kendi güçleri oranında ve kendi çaplarında birer Ebu Cehil çünkü. Her biri kendi cehlinin babası olmakla, kendi cehlini üretip, ortaya sürüp, çoğaltan birer "baba" olmakla, ayrı ayrı Ebu Cehil'ler. Ve, bu alanların tümünde doruğu tutmuş olmasıyla da Ebu'l-Hakem Amr bin Hişam hepsini temsil katında. Bu yüzden de, hepsi adına hepsinin ortak yanını "ad" olarak almış durumda. Allah'ın Elçisinin diliyle öylece adlandırılmış bulunmakta...

Gerçekte yaşanan çağın özelliği, bu. Öyle ki, o dönem "Cahiliye" olarak anılacak; Yüce Allah, bu kişilerin egemen olduğu çağı böylece adlandıracaktır. (3/Âl-i İmran: 154, 5/Maide: 50, 33/Ahzab: 33, 48/Feth: 26)

Öyleyse Ebu Cehil, cehlin/bilmezliğin babası olarak yalnız kendi kendinin değil, kendisiyle aynı çizgi, koku, renk ve nakşı taşıyanların ve onların da ötesinde yaşamış bulunduğu dönemin simgesidir.

Bu özelliği dolayısıyla, bu kitapta Ebu Cehil bir başına ele alınmayacaktır da, İslâm'a karşı çıkış olayı ve olgusu, Ebu Cehil dolayımlı olarak toplum ve dönem düzleminde tanıtılıp irdelenecektir. Bu da, kitabı "biyografi" olmaktan uzaklaştıran yanlardan biridir.

"Ebu Cehil" de, Ebu Cehil ile birlikte çağdaşı diğer ebucehiller ve bunların cehli yüzünden "Cahiliye" durumuna düşmüş bir toplum ve dönemin anlatımı... Yapacağımız budur.

Bölüm 1
ORTAM VE YAŞAYIŞ

Ortam ve Yaşayış

I. Yeryüzünde Bir Cennet

Allah'ın Elçisinin "Dünya; müminin zindanı, kâfirin cennetidir." (Müslim: 2079; Tirmizi: 2426; İbni Mace: 4113) buyurusuna ilişkin açıklama yaparkenki iki yorumundan birinde, Nevevi, Yeryüzü yaşamındaki kısıtlama ve yükümlülükleri, müminin bunlarla bağımlılığına karşın kâfirin böyle bir zorunluluk içinde bulunmayışı durumunu dile getirir. Kısıtlama ve yükümlülüklerin mümin için dünyayı zindanlaştırdığını; kâfir bakımından bunların bulunmayışının ise, aynı yeri cennete çevirdiğini vurgular.

Gerçek Cennet'te yükümlülük ve kısıtlama bulunmadığı gerçeğini de dikkate alarak Nevevi'nin yaptığı bu yorumun penceresinden baktığımızda, "Cahiliye" dönemi Arap toplumu ve yaşayışı için kullanılabilecek tek adlandırma, belki de, "Yeryüzünde bir cennet yaşamı" biçiminde olacaktır.

Sıcağın bol ve şiddetli olmasına karşılık suyun pek kıt bulunduğu, ekmeğin bile doğru dürüst tanınmadığı, başlıca yiyeceğin kavrulmuş un olduğu, deve sütü ve hurmanın ancak seçkin sofralarında yer aldığı, gölge verici birkaç ağacın en büyük nimetten sayıldığı, insanların arasında sürüp giden sürekli savaşların çoğunlukla "açlık" itkisiyle gerçekleştirilmek istenen talanlamalardan kaynaklandığı. Dahası: insanların "ortak" boğazları azaltmak için öz çocuklarını öldürmek yoluna gittiği. Yalnızca doğal zorluklar, yalnızca yaşam güçlükleri, yalnızca kıtlıklar ve yokluklarla çepeçevre kuşatılmış olan bir toplum için, o toplumun yaşamı için kullandığımız "Yeryüzünde bir cennet" anlatımı, elbette, ilk bakışta yadırganacak bir belirlemedir.

Ama böyle bir yadırgamanın dışarıdan/dışından görüntü ürünü olduğu unutulmamalıdır. Toprağa bağlı olmayan ve bağlı olmak zorunda da bulunmayan, develerinin sırtında habire yer değiştiren ve bu arada da "yorulduğu yerde kasaba kurma" deyimini gerçekleştirircesine uygun gördüğü her yeri "yurt" edinen ve elverişsiz şartların zorlaması durumundaysa bu ediniminden el çekip, hemen, yeni ufuklara yönelen... Yerleşme konusunda işte böylesine bağımsız olan ve üstelik bir de sürekli savaşlarla bilene bilene yılmaz, yırtıcı ve korku salan birer "cengâver/savaş adamı" durumuna gelen bu insanların sağlarında, sollarında, önlerinde, artlarında tümenle yerleşmeye elverişli topraklar varken ve buralara yerleşme konusunda da kendilerine karşı konulması oldukça zorken... Tutup da, ayak dircercesine, bu zorluklara katlanmaları, kıtlıklara göğüs germeleri ve çöl yaşamını sürdürmede kararlılıkları; yine elbette diyerek bağlantı yapalım, elbette ki dış görünüşe bakarak yadırgamanın geçersizliğini ortaya koyar.

Arap, işte bu yaşadığı durumdan kurtulma imkânlarının varlığına ve kullanılabilir olmasına karşın, çölü yeğlemiş, yoksunluk ve kıtlıkları göğüslemeyi seçmiş, buna uygun bir yapı edinerek dıştan bakanlar için hiç de çekici gelmeyecek bir yaşamı sürdürme konusunda ayak diremiştir. Demek ki, çöldeki yaşamı veya çölde yaşıyor olması ve bu yaşantının zorlukları onun "cennet"ine gölge düşürücü bir öge olarak alınabilecek, değerlendirilebilecek durumda değildir. Buna bir de, içlerinden isteyenlerin çevreye yayılmış olduklarını, bu yaşamı bırakarak yerleşmeye elverişli alanlarda yurt edindiklerini eklersek, çölü yeğleme olgusu daha bir açık seçikleşir.

Gerçekten de, çöl Arap'ı dış dünyadan soyutlanmış, oraların bilgisinde olmayan bir kimse, bir topluluk değildir. Özellikle uğraştığı "ticaret" ve çoğu kez de kabile savaşları sırasındaki yurtlarından sürülmeler dolayısıyla, çevredeki "rahat yaşam"a ilişkin bilgisi vardır ve yine de kendi yaşamını sürdürmekten el çekmemek noktasında kararlı olagelmiştir. Demek ki, o, dış dünyadan soyutlanmak zorunda kalmamıştır da, tam tersine, kendi isteği ve eliyle kendi kendini dış dünyanın ulaşamayacağı bir ortama aktarmış; orada kendince bir toplum, bir yaşama biçimi, bir kendine özgü "dünya" oluşturmuştur. Buradaki "kendince" tanımlaması önemli ve üzerinde özellikle durulması gereken temel nitelikli bir özellik noktasıdır.

Arap, çölde, kendince bir dünya kurmuştur. Kendi keyfince, kendi isteğine göre... "Cennet" oluşun kaynaklandığı açılım, işte bu noktadadır... Bir durumun, bir tutumun, bir davranımın, bir yaşamın, bir ilişkinin, bir eğilimin, bir yorumun "kendince" olması demek, çünkü, doğrudan doğruya her çeşidinden kısıtlamanın aşılmış bulunması durumu, her tür yükümlülüğün dışlanması olgusu demektir.

II. Yaşamın Biçimlenişi

Siyasal Bilimlerin "demokrasi"nin amacı, ereği, varacağı en üst düzey olarak tanımladığı bir "düzen" vardır: Anarşi... Yönetenlerin ve yönetilenlerin bulunmadığı, herkesin kendini kendince yönettiği bir toplum düzeni olarak anılır bu. Hani, halkımızın "kurt ve kuzu bir arada" dediği durum...

Bu "bilim"in öğretilerine göre her tür "demokrasi"nin ereği budur da, bu noktayı tutmak için uygulamaya koymakta bulundukları yöntemler başka başkadır. Tevrat'a dayalı "çağdaş" düşüncenin oradan devşirdiği "yitik cennet" düşünün "bilimselleştirilmiş"i veya "bilimselleştirilmesi"... Yasasız, yasaksız, kısıtlamasız, yükümlülükten arınmış bir toplumdur, vurgulanan.

Cahiliye Dönemi Arap Toplumu için böyle bir belirleme veya tanımlama yapamayacağımız açıktır. Böyle bir savı öne süren de olmamıştır.

Ve gerçekten de, orada da yönetenler, yönetilenler, kurallar vardır ve uygulamadadır. Ama bu, önceleri de değindiğimiz gibi, "kendince" konulmuş kurallardır. İnsanların istekleri doğrultusunda yapılanmış bir düzenin kuralları...

Kısıtlayıcı ve yükümlü kılıcı değil de, elverici, yol açıcı, imkân bağışlayıcı, bağlardan koparıcı, kolaylık sağlayıcı nitelikli bu kuralların, bu özellikleri ortada iken, artık, "Bu kurallar, insanların günübirlik ve geçici doyumları doğrultusunda işlev verici kurallardır..." diye ayrıca bir belirleme yapmak gerekir mi?

Yaşam, işte, bu nitelikleri taşıyan kural ve ilişkilerle biçimlenmiş durumda. Her alanda toplumun sağlığı, geleceği, güvenliği bir yana itilmiş durumdadır ve tüm ilişki ve işleyiş, doğrudan doğruya "gününü gün etme" eğilim ve çabasının ürünü olarak boy veren kuralların doğrultusunda oluşmuş, gelişmiş, yerleşmiştir.

Örneklendirmeye toplumun çekirdeğini oluşturan "aile" kurumundan, kurumun kurulmasını kurallandıran "nikâh"tan başlayalım:

Bugünküne benzer bir "nikâh" çeşidi olarak, "nikâh-ı hıtıb". Evlendirilecek kızların değiş-tokuşu yoluyla gerçekleştirilen "nikâh-ı şigar". Birkaç günlük geçici evlenmelere elverici "nikâh-ı muta". Eşin, koca eliyle, "soylu bir döl" alıncaya dek bir başkasına "ikram"ını yasallaştırıcı "nikâh-ı istibda". İki erkeğin karılarını değiş-tokuş yapmalarının yolu "nikâh-ı bedel". Bir kadının seçtiği bir sevgiliyle yaşaması durumu "nikâh-ı hidn". Dul kalan üvey anneyle evlenmek için "nikâh-ı makt". En az on kişilik bir küme erkeğin belli bir kadında ortaklıkları, doğan çocuğun babasının aynı kadın tarafından belirlenmesi de, yine, nikâh türlerinden bir "nikâh".

Ve, bir de "nikâh-ı beğaye". Evine bayrak asan kadınlarla ilişkide bulunmayı kurumlaştırıcı, gelenlerden hiçbirini geri çevirmeyen bu kadınlarla olan ilişkiyi aklandırıcı "nikâh" türü...

Bakınız, şu "nikâh" türlerindeki bolluğa!... Kadın-erkek ilişkilerinin hangi türü dışta bırakılmış bulunuyor? Öyle bir düzenleme ki, bir kadın ile bir erkek veya birçok kadın ile birçok erkek, bir erkek ile birçok kadın ve bir kadın ile birçok erkek hangi koşullarda bir araya gelmiş, ilişki kurmuş olursa olsun, yapılanı ve edileni yasallaştırmak üzere, her durum ve davranım için birer nikâh türü hazır... Açıktır ki, bu kurallar, birer kısıtlama olmaktan çok uzaktır ve tam tersine isteyene istediği imkânı sağlama, gereksinme duyacağı ortamı hazırlama ve her türlü ilişkiyi aklandırma ögeleri olarak işlev vermektedir.

Sağlıklı tutum, sağlıklı ilişki, sağlıklı yaşam, sağlıklı toplum, sağlıklı düzen kaygısı değil de, istekleri karşılama amacıdır, gereksinmelerin kesinlikle karşılanması eğilimidir; bu yolda çırpınışlardır, düzenlemelerdir, işte yapıyı biçimlendiren.

III. Ve Kadın

Toplum örgüsünün ve yaşam biçiminin göstergesi olmak konumunu her yerde ve her dönemde korumuş olan "kadın"ın Cahiliye'deki durumu üzerinde duralım biraz da, söz açılmışken:

Görünürde, alabildiğine özgür ve bağımsız bir çizgi... Özgürlük ve bağımsızlık kavramlarını bile "kısıtlanmışlık" gibi gösterebilecek ölçüde büyük bir rahatlık ve genişlik... Başıboşluk, desek mi?...

İşte, Cahiliye Araplarında kadının konumu bu, böyle... Evde, sokakta, çarşı-pazarda, savaş alanında, eğlence yerlerinde ve eğlentilerde... Akla gelebilecek her yerde... Her türlü sınır ve sınırlamadan kesinlikle uzak ve kopuk olarak erkeklerle iç içe... En önde ve en başta... Meyhanelerdeki eğlencelerden tutunuz da kırlarda gerçekleştirilen işret âlemlerine varıncaya dek her yerde birlikteliği sürdüren karşı cinslerin oluşturduğu bu ortam içinde, Şair İmru'l-Kays ile sevgilisinin gözler önünde çırılçıplak sürdükleri göl sefası pek de şaşılacak bir olay olmasa gerek.

"Nikâhlanma" türlerinin sokağa dek döküldüğü bu toplumun, evinde kendini esirgeyerek oturmasını bilen kadınlara ayrıca ve ayrıcalıklı bir saygısı olsa da, bunların sayısı "kadın"ı temsil etmekten çok uzak. Ağırlık, işte, sözünü ettiğimiz diğerlerinde.

Özgürlük, bağımsızlık ve eşitlik görünümlü bu başıboşluğun "kadın"ı getirdiği yer, oturttuğu konum ise, düpedüz, sığıntılık... Daha doğumla başlayan bir sığıntıdır, kız-kadın. Gerçekten de, içlerinden birine bir kız çocuğunun dünyaya geldiği haber verilince, öfkesinden yüzü kapkara kesilmektedir. (16/Nahl: 58, 43/Zuhruf: 17) Kız, istenmeyen çocuktur çünkü. Öyle ki, o andan, kendince "kötü" sayılan bu haberi aldığı andan sonra, adam çevresinden gizlenip, kaçmaya uğraşadurur. (16/Nahl: 59) Bir seçme yapmak zorundadır. Ya kızını diri diri toprağa gömecek ya da çevrenin aşağılamaları arasında onu tutmayı sürdürecektir. (16/Nahl: 59) Toprağa gömmek çevrenin aşağılamalarına göre daha kolay katlanılır bir acı olacak ki, Cahiliye Arapları arasında kız çocuklarının diri diri toprağa gömülmesi yaygın bir tutum olarak gözlenir. (81/Tekvir: 8-9) Kalanlar, tutulanlarsa, böylesine bir acıya bile katlandırıcı aşağılanma sebebi...

Kadın, işte, ta doğumuyla başlayan böylesine bir sığıntılık derekesinde...

Sonrasında da durum daha aydınlık değildir. Sözgelimi davarların karnındaki yavrular bile, sağ doğmaları durumunda, kadınlar için "haram" sayılmakta, yavrunun ancak ölü doğması durumunda bir "pay" söz konusu olabilmektedir. (6/En'am: 139) Bu da sığıntılıktan bir başka örnek... Ve daha buna benzer nice aşağılamalar, hep kadın konusunda, kadına yönelik...

Sözgelimi, kadının mirasına zorla konmak (4/Nisa: 19) ve hele hele kadının bir miras malı sayılışı ve bu anlayış çerçevesinde "mirasçı" olanların kadını kendine alıkoymak hakkına sahip bulunuşu; bu uygulama doğrultusunda kimilerinin üvey anneleriyle bu yolla evlenmesi (4/Nisa: 22) gibi nice durumlar...

İşte kadının aşağılanmışlığı... Özgürlük giysili bir başıboşluğun kadını yuvarladığı açmaz... Başıboşluk sonucu varılan sığıntılık durağı...

Ve bu gerçeği, bu acı ve tatsız durumu gözlerden gizleme çabaları olarak "şiir"... Kadın için şiirler ve şiire konu olan kadınlar; kadının şiirlere konu edilmesi, lafazanlık gösterileriyle başlara taç kılınması... Handiyse, tanrılaştırılması ve böylece de büyük utancın gizlenilmesi. Öyle ki, Arabistan bir boydan diğerine, artık, bir "aşk" ve "âşıklar" cenneti. Sınırsız, tüm sınırları kaldırılmış, her türü yasallaştırılmış kadın-erkek ilişkilerinin "cennet"i...

Putlardan bir bölümü bile, kadına değer verilmiş olduğu sanısının ürünü olarak "kadın" adları taşımakta... (53/Necm: 19-20)

IV. Kesit

Toplumun çarpıklığı yalnızca kadın konusunda değildir, elbet. "Kadın", önce de belirttiğimiz gibi, bir "ölçü" ve toplumun yapısı tümüyle işte bu göstergeye göre biçimlenmiş durumda...

Yeme, içme ve eğlenme; bu türden isteklerin pençesinde oyalanıp durma da, doğal bir uzantı olarak toplumun göze ilk çarpan yanları arasında. (15/Hicr: 3; 74/Müddessir: 45) İçki, handiyse, bir seçkinlik gereği. Yaşam gibi şiirler de içki ve içkiye yönelik övgülerle dolu. İçkiyle tıka basa doldurulmuş bir yaşantının, olur ya, zaman aralıklarıysa "kumar"ın egemenliği altında. İradesini içkiyle iyiden iyiye köreltmiş olan insan, davranımlarını da iradedışı güçlerin etkilenimine açmış olarak kumarla iç içe yaşamakta.

Başıboşlukta öylesine bir başı çekme var ki, insan iradesi tümüyle işlemez duruma gelmiş olarak, alınacak kararlar da, yine, iradenin pay sahibi olmadığı rastlantılarla bağımlanmışlık ürünü "fal okları"nın denetiminde...

"İçki, kumar ve fal okları" (5/Maide: 90) insanı insan kılan iradenin yok edildiği bir darağacının üç ayağı olarak işlev vermekte. İçki, sağlıklı algılama ve değerlendirmenin yitirildiği, böylece insan iradesinin işlevini yitirdiği bir durumun analığını yapmakta. Kumar, "rastgele"ye bağımlı olmak ürünü bir iradesizliğin davranımları kısıtlamasına yol açmış bulunmakta. Fal ise, algı ve davranımın da ötesinde, ümit ve alınacak kararları böylesine bir "rastgele"liğe bağlamış olarak o alanda da insan iradesini battal duruma getirmiş bulunmakta.

İradenin böylesine bir kısıtlama içinde tutuluşu, ters tepki olarak "hırs"a ortam hazırlamış bulunmaktadır toplumda. Hırsın ilk belirtileri ise, ölçü ve tartıda hile yapmak olarak gündeme gelmekte. Alımlar sırasında ölçüyü tam tutmalarına karşılık, satımlarda ölçünün eksik tutulması biçiminde hileler (83/ Mutaffifin: 1-3) ile kendini ele veren ve doyurulmak isteyen hırs...

Ve hırsın uzantısı olarak yoksula yedirmemek (69/Hakka: 34; 74/Müddessir: 44; 89/Fecr: 18; 107/Maun: 3), yetimi kollamamak (89/Fecr: 17; 107/Maun: 2), miras da içinde olmak üzere tüm insanların haklarını helal-haram ayırmadan yemek (89/Fecr: 19). Evet, mala karşı olan bu aşırı düşkünlüklerinin (89/Fecr: 20) açık belirtileri... .

Toplayıp, yığan (70/Mearic: 18), yığdıklarını sayıp duran (104/Hümeze: 2), daha çok yığmak için cimrilik yapan (53/ Necm: 34); malının kendisini sonsuza dek yaşatacağını sanan (104/Hümeze: 3) ve bu sanının güdümüyle de ceza gününü yalanlayan (74/Müddessir: 46) insanların öbeklendiği, göverdiği, boy verip dal budak saldığı bir toplum. Bu yolla sözüm ona kendince bir cennet kurma, gerçeğini kavrayamadığı cenneti bu çabalarıyla Yeryüzünde gerçekleştirme, yeryüzü yaşamını kendince bir cennete çevirme çırpınışları...

V. Tip

Bu yaşam biçimi, yaşama olan bu eğilim ve ayak uydurma isteği bir de kendine uygun bir tip üretmiştir. Tiplerle yapılanan toplum ve toplum yaşamıyla biçimlenen tip...

Aşağılık bir tiptir bu. Yalan yere yemin etmek, insanları durup dururken kınamak, söz götürüp getirmek, hayrın her türlüsüne engel olmak, günahlara batık ve saldırgan bir tip... Kaba, haşin ve soysuz... Mal ve oğullar sahibi olmuşluğun verdiği kabalığına haşin davranışlarını da ekleyerek soysuzluğunu sergileyen tip. (68/Kalem: 10-14)

Mal ve oğullar, davranışlarda ve tutumlarda biricik etkileyici öge... Ailesi arasında, mal ve oğulların varlığından, çokluğundan sevinçli (84/İnşikak: 13) ve bu imkânlara sahip olmaktan dolayı da şımarık... Öyle ki, bu şımarıklığını, mal ve oğul çokluğuna güvenerek, "Azap görecek de, değiliz." diyebilecek boyutlara vardırabilmekte (34/Sebe: 35); dahası, "Bana, elbette, mal da, oğullar da verilecektir." diyebilecek ölçüde -Allah'tan söz almışçasına- ileri gidebilmektedir. (19/Meryem: 77-78) Ve topluma/gerçeklere karşıysa, yine, imkânlarına dayanarak ve güvenerek, kavgacı ve tartışmacı kesilmekte. (43/Zuhruf: 58)

Mal, oğullar ve benzeri nimetler, "şükür" değil de, büyüklenmeye yol açmış bulunmakta. (74/Müddessir: 11-15 ve 23) Büyüklenme, başat özellikleri. (16/Nahl: 22, 35/Fâtır: 43, 38/

Sad: 2) Büyüklenmelerine gölge düşürücü bir durum olarak gördükleri fakirlik, en büyük korkuları... Öyle bir korku ki, o duruma düşmemek için, fakirlik dolayısıyla sahip olamayacakları büyüklenmelerini gölgeye düşürmemek için, gözlerini kırpmadan çocuklarını bile öldürebilmekteler. (6/En'am: 151; İsra: 31)

Kızlarını öldürmelerinde de, yine, aynı büyüklenmenin payı, ayrıca yok mu?

Gerçekte ana-babasına hiç de iyi davranmayan bu "tip" (6/En'am: 151), öte yandan da iş övünmeye geldi miydi; olaya daha başka bir yaklaşımla el atmaktan, "ata"larıyla büyüklenmekten diriğ etmemektedir. "Ata"lara dayanarak "çoklaşma"nın verdiği övünç ve büyüklenme başlıca "oyalanma" türlerinden biri olarak göze çarpmakta. (102/Tekasür: 1) Babalarının yolunu kendileri için yeterli gören (5/Maide: 104; 31/Lokman: 21; 37/Saffat: 69-70; 43/Zuhruf: 22-23) ve hatta hayâsızlıklarını bile atalarına atfederek, üstelik bunun Allah'ın buyruğu olduğunu söyleyerek (6/En'am: 148; 7/A'raf: 28), böylece bu tür davranışlarından da övünme payı çıkarıp da büyüklenen bir tip...

Bu yapıdaki insanların, yapılarına uyan kimi kurallandırmalarıyla tam da kendilerine uygun biçimde kurdukları bir toplum içindeki yaşamları...

VI. Teselliler

Bu yaşamın dikkat çeken bir başka yanı da, "dünyacı" tutumlarını kendilerince bir "denge"ye oturtmak, "dünya-ötesi" kimi bağlantılar içindeymişçesine "teselli"lere sarılma yoluyla bir "dengeleme" yapmak yolundaki çırpınışlar... Gerçekte yaşamakta oldukları dünya dışında bir başka dünya veya bir başka yaşam "yoktur!" (6/En'am: 29) türünden kesin bir kanı taşımalarına. "Yaşar ve ölürüz; bizi öldüren zamandan başka bir şey değildir" demelerine (45/Casiye: 24) karşın, yaşantılarına bir de "gayb" kanatları takarak, böylece, bir dengeleme tesellisi içine girmek yolundaki eğilim ve çabalar...

Bu tutumun en belirgin örneğini "yaratma/yaratılma" ile ilgili sorulara verdikleri yanıtta görürüz. Evet; "yaratıcı" konusunda, "kimdir?" sorusuna verdikleri tek yanıt: "Allah!" (29/Ankebut: 61-63; 31/Lokman: 25; 39/Zümer: 38; 43/Zuhruf: 9 ve 87)... "Gökten ve yerden rızıkları veren"in, "gözleri, kulakları koruyan"ın, "ölüden diriyi, diriden ölüyü çıkaran"ın, "işleri çeviren" in kim olduğu sorulduğunda da, yine, "Allah'tır" demektedirler (10/Yunus: 31). Dahası: Arz ve içindekilerin kimin olduğu, yedi kat gök ve arşın Rabbinin kim olduğu, her şeyin mukadderatının kimin elinde bulunduğu sorulduğunda da, yanıtları aynı olmaktadır: "Allah!" (23/Müminun: 84-89).

Yüce Allah'ı benimsemişlikleri, görünürde, öylesine bir boyuttadır ki, bir diğerini güvendirmek için yeminleri bile "Allah" üzerinedir (6/En'am: 109). Ve, başları sıkıştığında da yalvardıkları, kurtuluşa, erişinceye dek yalvardıkları yine Allah'tır (10/Yunus: 22; 16/Nahl: 53; 17/İsra: 67; 30/Rum: 33; 31/Lokman: 32). Sözüm ona görünürdeki bu "bağlılıkları"nı pekiştirmek veya vurgulamaktan da geri kalmazlar ve geri kalmamak adına, Yüce Allah için ayrıca "adak" da adarlar (6/En'am: 136). Ne var ki, bu adama eyleminde "şecaat arz eden Kıpti" örneği kendini ele verme, içyüzünü gözler önüne serme de vardır. Gerçekten de, bunu yapar; adaklarını adarken, Yüce Allah'ın yarattığı ekin ve davardan Allah için "pay" ayırdıkları gibi, bir de Allah'a kendilerince ortak koşmakta bulundukları kimselere de pay ayırır; üstelik ortak koştuklarının payını Allah'a ulaştırmazken, Allah'ın payını onlara aktarmaktan da geri kalmazlar (6/En'am: 136-138; 16/Nahl: 56). İşte, Allah'a inançlarındaki yapaylığın kesin kanıtı... Ya da, bu inancın gerçek bir inanç değil de, ancak, koltuk değneği türünden bir "teselli" olarak alınmakta olduğunun göstergeliğini yapan olgu.

Yaşamlarına yamamağa kalkıştıkları "gayba iman" konusundaki bu tutumlarının içten ve gerçek olmadığını gözler önüne serici bir başka örnek de, Allah'a inandıklarını öne süren bu kimselerin öteki dünyayı ve öldükten sonraki dirilişi yadsımaları (6/En'am: 150; 13/Ra'd: 5; 17/İsra: 49; 19/Meryem: 66; 23/ Müminun: 83; 27/Neml: 67; 32/Secde: 10; 34/Sebe: 7; 36/ Yasin: 78; 37/Saffat: 16-17; 45/Casiye: 25; 50/Kaf: 3; 79/ Naziat: 10-12). Ve bu yadsıyışlarını, ölen kimsenin Allah tarafından diriltilmeyeceğini Allah'a and içerek öne sürüp, kendilerince, desteğe kavuşturmaları (16/Nahl: 38); "ceza günü ne zaman?" diye alaylı sormaları (51/Zariyat: 12)... Bu, elbette ki, onların Rahman'ı inkârlarının bir sonucu (13/Rad: 30).

Şu var: Yadsıma açık açık değil de, görüldüğü gibi, dolaylı biçimde. Kimi ortakları varsaymak veya öteki dünyayı bütün bütün inkâr yoluyla. Sözde ve görünürde "Allah" denilmesine, O'na sığınılmasına ve güvencelerin O'nun adına, adı üzerine verilmesine karşın, işte, dolaylı biçimde bir inkâr yaşanmakta. İki ilaha birden tapınılmakta (16/Nahl: 51), tıklım tıklım put doldurulmuş olan ve ıslıklarla, el çırpmalarla tavaf edilen (8/ Enfal: 35) Kâbe ziyaretleri ile de gerçek dinlerinin çoktanrılılık olduğu belirginleşmekte. Çok tanrıcı değil de, çok tanrılı...

Bu noktada bile, yine, bir "teselli"leri, teselli edinme yolunda yorumları söz konusu: Putlara, ancak, Allah'a yaklaştırmalarından dolayı, yaklaştırsınlar için tapındıkları savı (39/Zümer: 3).

Allah katında şefaatçi olacakları kanısından kaynaklanan bir tapınmadır bu, onlara sorulursa (10/Yunus: 18; 39/Zümer: 43). Oysa, böylece Allah'a ortak koşmanın (7/A'raf: 191 ve 192), tapınmakta oldukları putları doğrudan doğruya Allah'a denk tutmanın ve hatta Allah'ı bırakıp putlara tapınmanın (6/En'am: 150; 25/Furkan: 3 ve 50; 36/Yasin: 74) ortamına girmişlerdir gerçekte...

VII. Putçuluk

Allah'a yaklaşmak için "şefaatçi" saymak, Allah'a adadıklarından onlara da pay ayırmak gibi tutumlarla gide gide Yüce Allah'a denk tutmaya ve ardından da ortak koşmaya başladıkları putlar, gönülleriyle birlikte Kâbe'yi veya Kâbe ile birlikte gönüllerini de doldurmaya başlamış durumda. Her soyun, her boyun, giderek her kişinin ayrı ayrı putları ve sonra da bu putları benimsemedeki zorunlu veya gönüllü katılımlar dolayısıyla "putçuluk"tan da daha ileri bir adım olarak "çok putçuluk" olgusu...

Lat, Menat, Uzza (53/Necm: 19-20) başta olmak üzere birçok put... Varlıkların Yüce Allah ile putlar arasında paylaştırılması (53/Necm: 21-23); oğulların kendilerine alıkonurken kızların Yüce Allah'a isnat edilmesi (16/Nahl: 57; 17/İsra: 40; 37/Saffat: 149; 43/Zuhruf: 16). Dişi sayılarak öylece adlandırılan (53/Necm: 27) meleklerden şefaat umulması (53/Necm: 26), Yüce Allah'ın çocuk edinmesinin, oğul ve kız sahibi olmasının (6/En'am: 100; 37/Saffat: 151-153; 10/Yunus: 68) varsayılması, hep, aynı olgunun uzantıları ve yansımaları...

Bir de "görünmeyen", "bilinmeyen" şeyleri bu yolla ele geçirme eğilim ve girişimi... O âlemin varlıkları olan ve kendilerine sığınılan (72/Cin: 6) "cin"lerin Allah'ın çocukları (37/Saffat: 158), meleklerin ise Allah'ın kızları (43/Zuhruf: 15-18; 52/Tur: 39) sayılması yoluyla, onların da yaşam çerçevesi içine alınması... Putları ortak kılmak suretiyle görünen yaşamdan soyutlamaya çabaladıkları Yüce Allah'ı, bu kez de, görünmeyen âlemle iletişim kurma veya görünmeyen âlemi de yaşam çerçevesinde bir yere oturtma isteğiyle bir başka yanlış düzlemde yeniden yaşamın parçası durumuna getirme denemesi... Ama yaşamdan soyutlamaya çalıştıkları Allah'ı yeniden yaşama dâhil etmek değil de, sanki stepne/yedek lastik konumuna indirgeme gibi bir tutum. Söz gelimi göklerdeki tahtında oturan, ilahların ilahı olan, insan gibi zayıf bir mahluk ve onun toplumu ile ilgilenmeyi/uğraşmayı da kehanet ve büyü gibi yöntemlerle bağlantı kurulabilen "hacet kapısı" küçük tanrılara bırakmış/zimmetlemiş bir tanrı algısı. Gerçekteyse, yaşamı bütünleştirme doğrultusunda bir "mozaik" tamamlama eylemi...

Ya, gök ve yer için ayrı tanrılar edinmeleri (6/En'am: 3; 43/Zuhruf: 84), Güneş'e ve Ay'a (41/Fussilet: 37), Şira yıldızına tapınmaları (53/Necm: 49). Bunun uzantısı olarak yaşam içinde büyücülüğün kazandığı büyük önem (113/Felak: 4)...

Evreni ve yaşamı kendince yorumlamanın boyutlarına bakınız!... Ve, bu boyuttaki bir sapkın yorumlamada bile kendini doğruda görme tesellisinin eriştiği doruk nokta:

"O Rahman dileseydi, biz elbette bunlara tapmazdık." (16/Nahl: 35; 43/Zuhruf: 20) savlaması... Böylesine bir yorum ve öylesine bir sav... Eş ve ortak koşarak Allah'a inanmak biçimindeki garabet (12/Yusuf: 106)...

VIII. Yalan Üstü Yalan

Bu; yalan üstü yalan tanımının bile anlatmaya yetmeyeceği ölçüde büyük bir yalancılıktır oysa... Çünkü tüm bunları Allah'a isnat etmiş olmalarına karşın, Yüce Allah'ın kendilerine bu yolda bir bilgi veya öğretici göndermiş olması söz konusu değildir. (34/Sebe: 44) Ayrıca, Allah'a ortak koştuklarına uymak konusundaki savlarında da yalanları vardır ve onlar, ancak, kendi sanılarına uymaktadırlar. (10/Yunus: 36 ve 66) Yaşamlarını kendilerince biçimlendirici kimi oluşları oturtmak için kendi sanılarını birer gerçek gibi görmek çabasıyla bu yöntemleri gündeme getirmekte, böylece kendi "heva"larının doğrultusunda bir yaşamı yapılandırmış olmaktadırlar. (6/En'am: 119; 28/Kasas: 50; 30/Rum: 29)

Yaşamları, öyleyse, "heva"larıyla biçimlenmiştir. Ve, öyleyse, yaşamlarını "heva"ları biçimlendirmiş olduğuna göre de kendi "heva"larını tanrı edinmiş bulunmaktadırlar. (6/En'am: 56; 25/Furkan: 43; 45/Casiye: 23) Onlar "heva"larını tanrı edinmişlerdir ve Yüce Allah da onları saptırmıştır; kulaklarını, kalplerini mühürlemiş ve gözleri üzerine de perde çekmiştir. (45/Casiye: 23) Onlar, böylece kör, sağır ve dilsiz kimseler olarak bu durumlarının gereği kendilerince bir yaşam biçimi oluşturmuşlardır. (2/Bakara: 18; 7/A'raf: 179; 10/Yunus; 42-43; 35/Fatır: 19-22)

Yaşamları, yolları, inançları bölük pörçük (6/En'am: 159; 30/Rum: 32) olmuş; kendilerince bile tanınmaz ölçüde karmakarışık bir duruma gelmiştir (6/En'am: 137), sürdüre geldikleri bu yalanlar, "heva"ları uyarınca ürete durdukları kurallar ve bu kurallara tutuklanmışlıklarından ötürü... Artık, dinleri bir oyuncak, yaşamları bir eğlence olmuştur, dünyaya kapılmış olmaları sonucu. (6/En'am: 70) Dünya sevgisi ahireti unutturmuş (75/Kıyamet: 21), yaşamak bir sevince ve övünce dönüşmüş (13/Ra'd: 26; 75/Kıyamet: 20), nimet ve bereket içinde yüzmeden dolayı (73/Müzzemmil: 11) kendini ihtiyaçlardan uzak sayan (80/Abese: 5) Cahili Arap, bu sanıyla azmış (96/Alak: 6-7); azgınlığını "helal" ve "haram"ları bile kendince belirleyecek (10/Yunus: 59; 16/Nahl: 116), böylece yaşamı kurallandırmaya kalkışacak bir düzeye çıkarmıştır. Boş lafların geçerli olduğu (74/Müddessir: 43), insanların bu açıdan değerlendirilmesinden ötürü çekiştirme, ayıplama ve kaş-göz oynatarak alaya almanın (104/Hümeze: 1) başlıca uğraşlar arasında yer aldığı bir aldatıcı dünya hayatıdır, sergilenen, gözlenen... (35/Fatır: 5)

Böylece, isteklerine ve eğilimlerine göre düzenleyerek "cennet"leştirmeğe çabaladıkları toplumsal yapı, insanın kendisinin bile ve kendi kendisini bile tanıyamadığı bir "yabancılaşma" ve "yabanıllaşma" olgusuna yol açmıştır.

IX. Arayışlar

Bu aldatıcı "cennet", insanların kendi eğilimleri ve istekleri doğrultusunda yapılandırmakla kendilerine göre en uygun yaşam biçimini kurmuş olduklarını sana geldikleri bu toplum yapısı, tüm çabalarına, mozaiği tamamlama yolunda üretmiş bulundukları tüm kural ve kurumlara karşın, yine, insanlara yetmemiştir.

Yalnızca "Allah" deyişleri, onların Yüce Allah'a iman etme konusundaki açıklarını doyurmaya yetmediği gibi, putlar da onlar için yönlendiricilik ve oluşturma çerçevesinde yeterli olmamış, olamamıştır.

Geliştirdikleri "ahlak" görünürde bir yaşamın sürüp gitmesini güdümlüyor olmakla birlikte, "şefaatçi" putlardan, cinlerden, meleklerden, dahası kâhinlerden ve şairlerden oluşan "bilinmez âlem"in ögeleri veya habercileriyse, bu "güdümlenme" için gerekli huzuru üretmeye yetmemişlerdir. Mürüvvet, cesaret, cömertlik ve hele söze/kelama egemen olmak gibi tutumlarla süslenen "aşk" ve "savaş" ortamının alımları, geçici kimi doyumlar sağlasa bile için için kaynayan bir ruh kanamasını dindirememiştir. Bu yüzden, Cahiliye Arapları zalim, katı, kaba ve haşin olmaktan kurtulamamış; zulmün, katılığın, kabalığın ve huşunetin toplumun içyapısında ve insanların gönül dünyasında açtığı yaraları sarmaya ve hele sağaltmaya yol bulamamıştır.

Yalancı cennet ortamı hazların diri kaldığı, kalabildiği sürece varlık gösteren bir düş olma çizgisini aşamamış; bu aşamayışın ürünü boşluklar, arada bir kendini yoklayabilen, kollayabilen, gözleyebilen kimselerce, sık sık ve kolayca fark edilmiştir. Öyle ki, kimi "müdahale"lere gerek bulunduğu bile anlaşılmıştır.

Bu gerçeği iki ayrı olayda yakalayabiliyoruz:

Birincisi, "hılfu'l-fudûl" eylemi; ikincisi ise, "Hanif" kimseler olgusudur. İlki, toplumu; ikincisi ise, kişinin kendi içyapısını sağaltma yolunda atılmış adımlar, ortaya çıkmış olaylardır.

"Hılfu'l-fudûl"... Erdemli kimselerin antlaşması, bağlaşması. Cahiliyenin yüzyıllar öncesinde özellikle hacıların kollanması ve korunması için oluşturulmuşken zaman içinde işlevini yitiren, unutulan ve "Ficar" savaşlarından sonra haksızlıkların toplumda iyiden iyiye kendini duyurması üzerine Efendimiz aleyhissalatüvesselâmın amcalarından Zübeyir eliyle yeniden gündeme getirilen örgüt. "Mazlumun hakkı verilinceye dek zalime karşı savaşım vermek" üzere kurulan ve Efendimiz aleyhissalatüvesselamın da nübüvvetinden önce katıldığı örgüt.

Ve, "Hanif" kimseler... Sürdürdükleri yaşamın boşluğunu anlayan, doyum için iç dünyasına dönen, mana çerçevesinde sürekli bir arayış sonucu Allah'ın birliği gerçeğini ta ruhunun derinliklerinde duyan ve içinde bulunduğu toplumun tüm inançlarına sırt dönen kimseler... Gerçek insan olmanın yolunu araştıran ve bulma yolunda çabalayan insanlar... (Bkz: Bu dizinin *"Bel'am"* adlı kitabına)

O örgüt ve bu çaba... İşte, Cahiliyenin yalan üstü bir yalanla kurduğu toplumda yaşarken sarıldığı kimi tesellilerinin de, tıpkı, oluşturduğu kurallar ve biçimlendirdiği toplumsal davranım ve bireysel tutumlar gibi boş ve yetersiz olduğunun birer kanıtı. Teselli yetmemiş. Yükümlülükten uzak ve kendince kurallandırılmış bir toplum yaşamının verimi olan özgürlük görünümlü başıboşluklar içten içe bir arayışa itmiş; arayışının bilincinde olanlar, bireysel ve toplumsal kimi derlenip toparlanmaların içine girmiş, yaşamakta olan yabanıllıktan kurtulmak için "hılfu'l-fudûl"lar, yabancılaşmaktan sıyrılmak için "Haniflik" gündeme girmekten geri kalmamıştır.

Çünkü insanın kendince, "heva" ve hevesleri doğrultusunda oluşturduğu kurallarla yapılanan bir toplumdaki yaşam biçimi, ilk bakışta yükümlülükten uzak bir "cennet" arayışı gibi bile olsa, sonuçta, "yalan" vardır, kabalık vardır, zulüm vardır, zorbalık vardır da ne davranışların süslü püslü sözlerle anlatılması ne şiirin şaha kalkması ne günübirlik oyalanmalar ve dünyanın süsleri "yabanıl" olmayı ve yabancılaşmayı önlemeye yetmemektedir.

İşte, "Ebu Cehil"in başı çektiği, kendi kişiliğinde simgelediği "Ebucehiller Toplumu" olan Cahiliyenin gerçek yüzü ve yapısı.

Ebu Cehil, bu toplumun bir verimi; ve ürünü olduğu toplumu yönlendiren, biçimlendiren, güden önde gelenler arasında en başta bulunanı.

Bölüm 2
SARSINTI

Sarsıntı

I. Bir Tek Cümle

Cahiliye Arapları kendi kurallarınca yapılaştırdığı toplum içinde biçimlendirdiği yaşamını sürdüre dururken, Allah'ın Elçisi Efendimiz aleyhissalatüvesselam ortaya çıktı ve bir tek cümleyi bir bayrak gibi toplumsal alana uzatıverdi: "Allah birdir ve ben O'nun elçisiyim!"

İşte, hepsi bu kadar...

Toplum birden sarsılıverdi. Alabora oldu. Değerler çöktü ve bakış açıları değişti.

Oysa toplum kimi şeylere yabancı değildi. Yaratıcı olan "Allah"ın bilgisindeydi. Kimi zulümlerin farkında olduğu için Hılfu'l-fudûla anlayış göstermişti. Putlardan uzak duran "Hanif"lere ilgi göstermese bile, karşı da çıkmıyordu. Ama, yine de, kendileri açısından, kendilerine göre ve kendilerince "her şey yerli yerinde" ve her oluş yollu yoluncaydı. Sorun yoktu...

Kimseler, "Yaratıcı Allah değildir de, filanca putumuzdur" demiyordu. Kimseler, "Bize karşı çıkıyorlar" diyerek Hılfu'l-fudûlu karşısına almamıştı. Ve, hiç kimseler Hanifleri "tanrılarımızı tanımıyorlar" diye kınamamıştı bile... Tersine, herkes "Allah" diyor, Allah'a yemin ediyor, hatta putlara bile -kendilerine sorulursa- Allah için tapınıyor, çünkü onlarla Allah'a yakınlaşmaya çabaladıklarını belirtiyorlardı. Herkes, görünüşte de olsa, Hılfu'l-fudûlun yüce amacına saygı duyuyordu. Ve herkeste de Haniflere karşı bir imrenme, içten içe bir "takdir" vardı. Öyle ki, sanki bu varolanlar, gündemde bulunanlar, bir yanıyla toplumun denge ögeleri gibi alınıyor, görülüyor, değerlendiriliyordu.

Ama Yüce Allah'ın Elçisi Efendimiz aleyhissalatüvesselam ortaya çıkıp da, "Allah birdir ve ben O'nun elçisiyim!" deyince, birden, her şey değişti; yer yerinden oynadı. Toplumun yapısı temellerinden çatırdadı/çatladı, tüm bağlar kazıklarından koptu...

Çünkü Yüce Allah'ın Elçisinin eyleminin diğerlerine göre ayrı ve artık yanları vardı. "Allah birdir!" demekle kalmıyor, kendisinin de O'nun elçisi olduğunu belirtiyordu. İlk ayrı ve artık yan buydu. "Elçi" olmakla, demek ki, Allah'a ilişkin yorum ve değerlendirmeleri keyfilikten kurtaracak, inancı yeni bir zemine oturtacaktı.

Sonra, Hanifler gibi inanmakla kalmıyor, "Bana inanın!" diyordu. İkinci farklı yanı bu noktada göze çarpıyordu. Demek ki, inandığını yaşamanın ötesinde ve ilerisinde bir tutumla, bu inancını topluma da yansıtmak istiyordu.

Ve, Hılfu'l-fudûl'da olduğu gibi "yapmak"la yetinmeyeceğini, yapacaklarına katılımda bulunmaları için bir çağrı yapmakta olduğunu vurgulamış bulunuyordu.

Böylece kendi sınırlarını aşıyor, topluma el atıyor, toplumsal alana sıçrama yapıyordu. Söylediği tek cümle böylesine geniş bir kapsam belirtiyor; o tek cümle toplumda büyük bir sarsıntıya yol açıyordu.

Toplum, öyleyse, sarsıntıdan kurtulmak, temellerini korumak, çatlayan yapısını onarmak için O'na karşı çıkacak; Mekke semalarının boşluğunda kayboluyor görünmekle birlikte tüm evreni çınlatmakta olan bu tek cümleyi boğmak isteyecekti.

II. Çerçevede Bulunanlar

Yaratıcılığına ilişkin hiçbir duraksama ve tartışma göstermeyen bu toplum, Yüce Allah'a her ne kadar bir şekil vermemiş, O'nu cisimlendirip "put" haline dönüştürmemişse de, "kızlar", "oğullar", "şefaatçiler", "aracılar", "ortaklar" yamamak yoluyla O'na kimi "eklentiler" yapmaktan da geri durmamış; her şeyi aşkın olan tek Tanrı'yı çoklaştırmak, O'nu kendince bir konuma oturtmak, kendi yorumuyla algılamak gibi bir inanç geliştirmiş, oluşturmuştu.

Kendi toplumlarını kendilerince yapılandırmaları gibi, "yaratıcı" olduğundan kuşku duymadıkları "Allah"a inancı da, yine, kendi anlayışlarınca biçimlendirmişlerdi böylece. Bu, daha çok, O'nu yaşamın dışında tutma; yaratıcılığını benimsemekle birlikte bu yaratışı süreklilikten soyutlama, ilişkilerden uzaklaştırma; O'nun yaşam içindeki yerini ve işlevini putlara verme biçiminde göze çarpan bir olgu olmaktaydı. Türettikleri ve ortaklık tanıdıkları tanrıları kendilerince biçimlendirmeyle yetinmeyip, Yüce Allah için de kendilerince bir konum belirleme tutumu...

Bu anlayışta, Allah inancı çerçevesinde putlar, melekler, cinler, kâhinler ve şairler vardır da "elçi" yoktur; "Allah'ın Elçisi" için ayrılmış bir yer bulunmamaktadır.

Çünkü, oluşturulmuş kurum ve geliştirilmiş kimliklerin tümünde "insan'dan Allah'a doğru" bir akış vardır; etkileme ve etkinlik, hep insandan Allah'a doğrudur. Putlar, insanlar için aracılık etmekte; kâhinler, gaybın bilgisini insanlar için araklayıp, aktarmakta; şairler, iç âlemden sesler yansıtıp, yankılatmakta; melekler ve cinler de, birer kız, birer oğul, birer hısım olarak, yine, insanlara aracılık yapmakta, onlar için şefaatte bulunmaktadır.

Allah'tan insana doğru "açık" bir yol ise, bu anlayış içinde bulunmamaktadır. Aracı ve şefaatçi saydıkları putların ağzı yok, dili yok, sözü yoktur. Melekleri görmek mümkün değil. Cinler, kâhinlere boyun eğmiş görünümü içinde insanlarla eğlenmekte. Kâhinler, buyruk getiren değil de, yalnızca, büyü yapandır. Şairler ise, ses ve söz kumkuması içinde, sözüm ona, kimi doyumlar sağlamaya yaramakta.

Allah'a inanç çevre ve çerçevesi içinde tüm "var"ların yanı başında bir "elçi"nin bulunmaması, işte, bu anlayışın sonucu olduğu gibi, ortaya çıkan "elçi"ye çevrede ve çerçeve içinde yer verilmemesi, "elçi"nin ortaya çıkmasıyla birlikte büyük sarsıntının başlaması da, yine aynı noktadan kaynaklanmaktadır.

Çünkü, "elçi"nin işlevinde insandan Allah'a doğru değil de, Allah'tan insana doğru bir akış, bir akım, bir buyruk ve gönderme vardır. Diğer yanda yer alan ögelerde ve bunlara dayalı sistemde insanın kendi belirlemesi ve biçimlemesi söz konusuyken, "elçi"nin işlevinde belirleme, kurallandırma, buyurma yetkisi ve etkinliği Yüce Allah'a özgü olmakta, akış yön değiştirmektedir.

Kendi toplumunu, kendi kurallarını, kendi davranımlarını, kendi inançlarını kendi bildiğince düzenleme ve hatta Allah'a olan inancını bile kendine göre belirleme eğilimindeki anlayışla bağdaşmayan: dahası, ona toslayan bir durum. Sarsıntı, bu toslamanın başlangıcı ya da habercisi...

III. Elçi

İşte, Yüce Allah, bir elçisini göndermiştir. Cahiliyece belirlenmiş bulunan "Allah inancı" çerçeve ve çevresinde "elçi"nin yeri bulunmadığı gibi, "Elçi" de o çevre ve çerçeve dışında yerini alıyor, kendisi için yepyeni bir konum oluşturuyor; daha doğru bir deyişle, kendi konumunu açıkladığında alışılmış çerçeve ve çevrenin dışında bir yerde bulunduğu görülüyordu.

"Ben de sizin gibi bir insanım" diyordu, Elçi ve ardından ekliyordu: "Ancak, bana vahyolunuyor..." (18/Kehf: 110; 41/Fussilet: 6) Kendisinden kimi olağandışı ve olağanüstü şeyler istendiğinde de, "Ben, elçi olan bir insandan başkası mıyım ki?" (17/İsra: 93) buyurarak hem insan olduğunu yeniden vurguluyor, hem de "vahiy" yükümlülüğünün verdiği "elçi"lik görevini daha açık biçimde anlatıyordu. O, evet, "insan"dı, vahiy alıyor olmakla Allah'ın Elçisi olan bir insan... Konumu buydu...

Bu konum gereğince öğüt veriyor (34/Sebe: 46), uyarıyor (21/Enbiya: 45; 35/Fatır: 23; 38/Sad: 65; 46/Ahkaf: 9; 7/A'raf: 188); vahye dayalı (21/Enbiya: 45) bu uyarılarında apaçık bir dil kullanıyor (15/Hicr: 89), inananları muştuluyordu (46/Ahkaf: 9; 7/A'raf: 188).

Ve, bu görevi yüklenen ilk insan olmadığını, ilk gönderilen olmadığını da belirtiyordu (46/Ahkaf: 9; 7/A'raf: 188). İlk gönderilen elçi olmadığı gibi, kendi yanından ve kendiliğinden de herhangi bir şey söylemiyor, kimi yükümlülükler getirmeye de çalışmıyordu (38/Sad: 86). Kendini sonsuz hazinelere sahip, gaybı bilen bir kimse veya bir melek olarak göstermek gibi bir sözü ve savı da yoktu (6/En'am: 50).

Ne kendisine (7/A'raf: 188) ne de başkalarına (72/Cin: 21) kötülük ve iyilik yapabilecek güçte olmadığını da açıkça belirtiyor; herhangi bir "ücret" istemediğini vurguladıktan (25/Furkan: 57; Sad: 86) başka, istemekte olduğu biricik şeyi de şöyle anlatıyordu: "Dileyen kimsenin doğru yolu tutmasını istiyorum" (25/Furkan: 57). Elçi'nin, dileyen kimsenin tutmasını istediği doğru yol ise, Rabbin tek Allah olduğunun bilinmesi (18/Kehf: 110), biricik Rabb olan Allah'a yönelinmesi ve O'ndan bağışlanma dilenilmesi (41/Fussilet: 6).

Elçi, bunun için uyarıda bulunmakta; "O tek ve kahreden Allah'tan başka tanrı bulunmadığını" belirtmekte (38/Sad: 65); insanları, "kendisinden başka tanrı bulunmayan Allah'a sığının (51/Zariyat: 50), O'ndan başka tanrı tanımayın!" diye uyarmaktadır (51/Zariyat: 51).

Biricik yolun Allah'ın yolu olduğunu, âlemlerin Rabbi olan O'na teslimiyetle emr olunduğunu (71/En'am: 71) açıklayarak, bu buyruğun gereği, yalnız Allah'a tapacağını ve tek Rab olan Allah'a kimseyi ortak koşmayacağını (72/Cin: 20) belirtmektedir.

"Ey kâfirler, sizin taptığınıza ben tapmam." (109/Kâfirun: 2) der, bunu döne döne vurgular (109/Kâfirun: 4) ve "Allah'ı bırakıp da tapmakta olduklarınıza tapmaktan yasaklandım. Ben sizin heva ve hevesinize uymam." (6/En'am: 56) sözleriyle de, Cahiliye insanının tapınmakta olduğu şeylerin gerçek bir yanının bulunmadığını, tüm bu yalancı tanrıları yalnızca heva ve hevesleri gereği ve doğrultusunda uydurmuş bulunduklarını açıklığa kavuşturur.

IV. Pekiştirme

Yüce Allah da, Elçisinin insanlara gönderilmiş bir uyarıcı (13/Ra'd: 7; 25/Furkan: 56; 35/Fatır: 24; 34/Sebe: 28) ve muştulayıcı (25/Furkan: 56; 35Fatır: 24; 34/Sebe 28) olduğunu bildirir ayrıca. O, söylemekte bulunduğunu insanlar kolaylıkla anlasınlar diye diline Kitap kolaylaştırılmış (44/Duhan: 58) bir peygamberdir. Kur'ân'dan önce hiç kitap okumamış, sağ eliyle yazı yazmamış (29/Ankebut: 48) olmakla birlikte, Kitap ve çağrı diline kolaylaştırılmış ve dilinde kolaylaştırılmış bir Elçi...

İnsanlardan karşılık beklemeksizin ve istemeksizin (23/Müminun: 72; 12/Yusuf: 104) onları doğru yola kılavuzlayıcı (13/Ra'd: 7); bu yolda öğütler verici (52/Tur: 29), uyaran ve muştulayan Elçi...

Yüce Allah, O'ndan, kalkıp insanları uyarmasını (74/Müddessir: 1-2), buyruklarını açıktan bildirmesini (15/Hicr: 94), bu buyruklara uymayanlardan yüz çevirmesini (15/Hicr: 94) ister. Evet, bir vekil, bir bekçi değil, de yalnızca "çağırıcı" (17/İsra: 54; 42/Şura 48) olduğu için üzülmeyecektir de, çağrıya uymayanlardan yüz çevirecektir (21/Enbiya: 107). Çağrıya uymayanları dinlememekle (96/Alak: 19) başlayıp, onlara karşı boyun eğmeksizin çağrıyı yürütmek, bu yolda büyük bir çabayla savaşmak (25/Furkan: 52) çizgisine dek varacak olan bir eylemdir bu yüz çevirme... Kesinlikle yumuşaklık gösterilmeksizin sürdürülen bir yüz çevirme... Onların yumuşamasını sağlamak gibi bir sonuç için bile yumuşaklık göstermemeyi (68/Kalem: 9) de kapsayıcı bir eylem...

Ve, bu, bütün bunlar, âlemlere rahmet olarak gönderilmiş (21/Enbiya: 104) olmanın gereği.

V. Çağrı

Kendi toplumsal yapısını, kendi kurallarını, kendi inançlarını ve kurumlarını hevası doğrultusunda kendi bildiğince düzenleyen ve hatta Allah'a olan inancını bile kendine göre belirlememiş bulunan Cahiliye toplumuna işte bu Elçi gelmişti. Allah'ın Elçisi...

Elçi, elbette, Yüce Allah'ın, kendine elçilik görevini vermiş olan Rabbin buyruklarını anlatacak, bildirecek, öğretecek, O'nu tüm gerçekliğiyle insanlara tanıtacaktır. Her kurumu gibi Allah'a inancını da kendine göre oluşturmuş bulunan ve tüm yaşamını bu inanç temeli üzerinde kurmuş ve biçimlendirmiş olan toplum da, bu yeni inançla sarsılacak, sarsılacaktı...

Toplumu sarsıntı içine sokan, yıkılış eğimi içine iten bu yeni inancın özü, içeriği, çağrısı neydi? Yüce Allah, Elçisine neler vahyetmiş; Elçisi topluma neler iletiyordu?

Bu sorunun yanıtı belirlemek için, Mekki Ayetlerin Kur'ân-ı Kerim içindeki yerini gözden geçirmek gerekir. Kur'ân-ı Kerim'in sayısı 114 olan surelerinden bir rivayete göre 86'sı, diğerine göre 92'si Mekkidir, Mekke döneminde inmiştir. Daha doğrusu, rivayetler bu ikisi arasında farklı sayılar vermektedir. Ayet sayısı olarak, rivayetlerin büyük bir bölümünün katıldığı, 6236'yı göz önünde tuttuğumuzdaysa, Mekki ayetlerin toplam sayısının 4562 olduğunu belirleyebiliriz.

"Ayet sayısı olarak 6236'yı göz önünde tuttuğumuzda" ifadesi burada kısa bir bilgilenme yapmamızı gerektiriyor:

Gerek kıraat farkları, gerek "Besmele"leri surelerin ayetleri sayıp saymamak ve gerekse kimi surelerin başında bulunan "huruf-u mukattaa/bağımsız harfler"i ayrı ayetler olarak göz önüne alıp almamak gibi değişik yorumlardan ötürü, Kur'ân-ı Kerim'in ayet sayısındaki rivayetler farklı olup; rivayetlerdeki en küçük sayı (Basra Kıraatine göre) 6204, en büyük sayı da

(Zemahşeri'ye göre) 6666'dır. Görüldüğü gibi bu sayı farkı Kur'ân-ı Kerim'de kimi ibarelerin eksik veya fazla olduğu gibi ayrı görüşlerden değil, yukarıdaki bakış açısından kaynaklanmaktadır. Yoksa, Kur'ân-ı Kerim, "bir tane"dir ve bütün Kur'ân-ı Kerim'ler harfi harfine aynıdır. Osman Mushafı'ndakinin aynı... Bunu belirtmek için de, "Kur'ân'ın Resmi" diye bir kavram oluşmuştur. Bu kavramı şimdiki "tıpkı basım"ı göz önüne alarak kavrayabiliriz. Bu "aynı"lık kelimelerin yazılışındaki kimi "zait" elif ve benzeri harfleri kapsayacak ölçüde ayrıntılara dek inmiş bir eşelliktir. Bu durumda, rivayetlerdeki ayet sayısı farklılığına bakıp kimi Kur'ân-ı Kerim'lerin kimilerine göre içerik ve yazım bakımından başkalık gösterdiği gibi bir yanlış anlayışa kapılmamalıdır.

Buna göre, Mekki ayetler için sayıyı 86 olarak alırsak surelerin yaklaşık % 75'i, sayıyı 92 olarak alırsak surelerin yaklaşık % 80,7'si Mekke döneminde inmiştir. Sureleri değil de ayetleri esas aldığımızda, bu oran, yaklaşık % 70,3 olmaktadır.

İşte, Allah'ın Elçisinin çağrısındaki kapsam...

Bu kapsamı özetlemek ya da kümelere ayırarak başlıklar altında vermek, gerçek anlamları tümüyle göstermeye yetmeyeceği için, burada, yalnızca çağrıdan bir iki örneği –bütün halinde ve olduğu gibi- anlam halinde aktaracağız. Aktaracağımız bölümler yapılan çağrıyı tanıtmak için yeterli olacaktır, görüşündeyiz.

VI. Yaratanın Yaratışı

Allah'ın Elçisinin yaptığı çağrıyı tanıtmak için ilk örnek olarak, Yüce Allah'ın her şeyi yarattığını ve yaratışının mahiyetini ve sürekliliğini bildiren "Fatır" suresini Türkçe anlamıyla aktarıyoruz:

• Esirgeyen, Bağışlayan Allah'ın adıyla...

• Hamd, gökleri ve yeri yaratan, melekleri ikişer, üçer, dörder kanatlı elçiler kılan Allah'a mahsustur. Yaratmada dilediğini arttırır. Doğrusu Allah, her şeye Kadir olandır.

• Allah'ın insanlara verdiği rahmeti önleyebilecek yoktur. O'nun önlediğini de ardından salıverecek yoktur. O, güçlüdür. Hakimdir.

• Ey İnsanlar! Allah'ın size olan nimetini anın; sizi gökten ve yerden rızıklandıran Allah'tan başka yaratan var mıdır? O'ndan başka tanrı yoktur. Nasıl aldatılıp da döndürülürsünüz?

• Ey Muhammed! Seni yalanlıyorlarsa, bil ki, senden önce de nice peygamberler yalanlanmıştır. Bütün işler Allah'a döndürülür.

• Ey İnsanlar! Allah'ın verdiği söz şüphesiz gerçektir; dünya hayatı sizi aldatmasın. Allah'ın affına güvendirerek şeytan sizi ayartmasın!

• Şeytan şüphesiz sizin düşmanınızdır; siz de onu düşman tutun; o, kendi taraftarlarını, çılgın alevli cehennem yaranı olmaya çağırır.

• İnkâr eden kimselere çetin azab vardır. Fakat inanıp yararlı iş işleyenlere, onlara, bağışlanma ve büyük ecir vardır.

• Kötü işi kendisine güzel gösterilip de, onu güzel gören kimse, kötülüğü hiç işlemeyene benzer mi? Şüphesiz Allah dilediğini saptırır, dilediğini de doğru yola eriştirir. Ey Muhammed! Artık onlara üzülerek kendini harap etme; Allah onların yaptıklarını şüphesiz bilir.

• Rüzgârları gönderip de bulutları yürüten Allah'tır. Biz bulutları ölü bir yere sürüp, onunla toprağı ölümünden sonra diriltiriz. İnsanları diriltmek de böyledir.

• Kudret isteyen kimse bilsin ki, kudret bütünüyle Allah'ındır. Güzel sözler O'na yükselir, o sözleri de yararlı iş yükseltir. Kötülük yapmakta düzen kuranlara, onlara, çetin azab vardır. İşte bunların kurdukları düzenler boşa çıkar.

• Allah sizi topraktan, sonra nutfeden yaratmış, sonra da sizi çiftler halinde var etmiştir. Dişinin gebe kalması ve doğurması, ancak O'nun bilgisiyledir. Ömrü uzun olanın çok yaşaması ve ömürlerin azalması şüphesiz Kitap'tadır. Doğrusu bu, Allah'a kolaydır.

• İki deniz bir değildir. Birinin suyu tatlı ve kolay içimlidir; diğeri tuzlu ve acıdır. Her birinden taze balık eti yersiniz; takındığınız süsler çıkarırsınız; Allah'ın lütfuyla rızık aramanız için gemilerin onu yararak gittiğini görürsünüz. Belki artık şükredersiniz.

• Allah, geceyi gündüze katar, gündüzü geceye katar; belirli bir süre içinde hareket eden güneş ve ay'ı buyruk altına almıştır. İşte bu, Rabbiniz olan Allah'tır, hükümranlık O'nundur bırakıp taptıklarınız, bir çekirdek kabuğuna bile sahip değillerdir.

• Onları çağırırsanız, çağrınızı işitmezler; işitmiş olsalar bile, size cevap veremezler; ama kıyamet günü sizin ortak koşmanızı inkâr ederler. Her şeyden haberdar olan Allah gibi sana kimse de haber vermez.

• Ey insanlar! Siz Allah'a muhtaçsınız, Allah ise müstağnidir, övülmeye layık olandır.

• Dilerse sizi yok eder, yeniden başkalarını yaratır.

• Bu, Allah'a göre zor değildir.

• Günahkâr kimse diğerinin günahını çekmez. Günah yükü ağır olan kimse, onun taşınmasını istese, yakını olsa bile, yükünden bir şey taşınmaz. Ey Muhammed! Sen ancak görmediği halde Rablerinden korkanları, namazı kılanları uyarırsın. Kim arınırsa, ancak kendisi için arınmış olur; dönüş ancak Allah'adır.

• Kör ile gören, karanlıklar ile ışık ve gölgelikle sıcaklık bir değildir.

• Dirilerle ölüler de bir değildir. Doğrusu Allah, dilediği kimselere işittirir. Ey Muhammed! Sen kabirlerde olanlara işittiremezsin.

• Sen sadece bir uyarıcısın.

• Şüphesiz Biz seni, müjdeci ve uyarıcı olarak, gerçekle gönderdik. Geçmiş her ümmet içinde de mutlaka bir uyarıcı buluna gelmiştir.

• Eğer seni yalancı sayıyorlarsa, bil ki, onlardan öncekiler de yalanlamışlardı. Peygamberleri onlara belgeler, sayfalar ve nurlu kitaplar getirmişlerdi.

• Sonra Ben, inkâr edenleri yakaladım. Beni inkâr etmek nasıl olur?

• Allah'ın gökten su indirdiğini görmez misin? Biz onunla türlü türlü renkte ürünler yetiştirmiş; dağlarda beyaz, kırmızı, siyah ve türlü renkte yollar var etmişizdir.

• İnsanlar, yerde yürüyenler ve davarlar da böyle türlü türlü renktedirler. Allah'ın kulları arasında O'ndan korkan, ancak bilginlerdir. Doğrusu Allah güçlüdür, bağışlayandır.

• Allah'ın Kitabı'na uyanlar, namazı kılanlar, kendilerine verdiğimiz rızıktan gizli ve açık sarf edenler, tükenmeyecek bir kazanç umabilirler.

• Çünkü Allah bu kimselerin ecirlerini tam verir ve lütfu ile arttırır. Doğrusu O, bağışlayandır, şükrün karşılığını bol bol verendir.

• Ey Muhammed! Bu, sana vahyettiğimiz, öncekileri doğrulayan gerçek Kitap'tır. Allah şüphesiz kullarından haberdardır, görendir.

• Sonra bu Kitab'ı kullarımızdan seçtiğimiz kimselere miras bırakmışızdır. Onlardan kimi kendine yazık eder, kimi de, Allah'ın izniyle, iyiliklere koşar. İşte büyük lütuf budur.

• Bunlar Adn Cennetlerine girerler. Orada altın bilezikler ve incilerle süslenirler Oradaki elbiseleri de ipektir.

• Derler ki, "Bizden üzüntüyü gideren Allah'a hamd olsun. Doğrusu Rabbimiz bağışlayandır, şükrün karşılığını verendir."

• "Bizi lütfuyla, temelli kalınacak cennete O yerleştirdi. Orada bize ne bir yorgunluk gelecek ve ne de usanç gelecektir."

• İnkâr edenlere cehennem ateşi vardır. Ölümlerine hükmedilmez ki, ölsünler; kendilerinden cehennem azabı da hafifletilmez. Her inkârcıyı böylece cezalandırırız.

• Orada: "Rabbimiz! Bizi çıkar; yaptığımızdan başka, yararlı iş işleyelim" diye bağrışırlar. O zaman onlara şöyle deriz: "Öğüt alacak kişinin öğüt alabileceği kadar bir süre sizi yaşatmadık mı? Size uyarıcı da gelmişti. Artık azabı tadınız, zalimlerin yardımcısı olmaz."

• Allah şüphesiz, göklerin ve yerin gaybını bilir. Doğrusu O, kalplerde olanı bilendir.

• Sizleri yeryüzüne de hakim kılan O'dur. İnkâr edenin inkârı kendi aleyhinedir. İnkârcıların inkârı Rableri katında yalnız kendilerine olan gazabı arttırır. İnkârcıların inkârı, hüsrandan başka bir şey artırmaz.

• Ey Muhammed! De ki: "Allah'ı bırakıp da taptığınız putlarınıza hiç baktınız mı? Yeryüzünde yarattıkları nedir? Bana göstersenize!" Yoksa onların Allah'la ortaklığı göklerde midir? Yoksa Biz onlara Kitap verdik de ondaki delillere mi dayanırlar? Hayır; o zalimler, birbirlerine sadece aldatıcı söz söylerler.

• Doğrusu, zeval bulmasın diye gökleri ve yeri tutan Allah'tır. Eğer, onlar zevale uğrarsa O'ndan başka, and olsun ki, onları kimse tutamaz. O, şüphesiz Halim'dir, bağışlayandır.

• Kendilerine bir uyarıcı gelince, ümmetler içinde en doğru yoldan gidenlerden biri olacaklarına, and olsun ki, bütün güçleriyle Allah'a yemin etmişlerdi; fakat kendilerine uyarıcının gelmesi, yeryüzünde büyüklük taslamak ve kötü düzen kurmak ile uğraştıklarından sadece nefretlerini arttırdı oysa. Pis pis kurulan kötü tuzağa ancak sahibi düşer. Öncekilere uygulana gelen yasayı görmezler mi? sen Allah'ın yasasında bir başkalaşma da bulamazsın.

• Yeryüzünde gezip, kendilerinden öncekilerin sonlarının nasıl olduğunu görmezler mi? Onlar kendilerinden daha kuvvetliydiler. Göklerde ve yerde Allah'ı aciz bırakabilecek yoktur. Şüphesiz O, bilendir, Kadir olandır.

• Allah insanları işlediklerine karşılık hemen yakalayıverseydi, yeryüzünde bir canlı bırakmaması gerekirdi. Ama onları belli bir süreye kadar erteler. Süreleri gelince gereğini yapar. Doğrusu Allah, kullarını görmektedir.

(*DİB'in yayınladığı Meal'den alıntılanmıştır.*)

VII. Rahman

Cahiliye'nin dünyaya bakışı, olayları yorumlayışı, ilişkileri algılayışı düzlemindeki çarpıklık ve sapkınlık karşısında İslâm'ın getirdiği açıyı ve temel ölçüleri de, bir başka surenin, Rahman suresinin anlamını aktararak sergileyeceğiz. Bunu seçmemiz, Yüce Allah'ın Rahman adının tecellileri dolayısıyladır. Bilindiği gibi bu ad, tüm yaratıkları esirgemeye, kollamaya, korumaya, yeryüzü yaşamı çerçevesinde nimetlendirmeye; inananlaraysa, ayrıca, cennette lütufta bulunmaya dönük tecellilerin bağlı bulunduğu addır. Cahiliyenin "dünya hayatı"nı ön planda tutuşu ve hatta biricik yaşam sayışı karşısında O'nun bu yanını "berhava edici" ölçülendirmelere bir örnek olarak böyle bir seçim yapmak yoluna gittik. İşte anlamı:

"Esirgeyen, Bağışlayan Allah'ın adıyla..."
- Rahman olan Allah Kur'ân'ı öğretti.
- İnsanı yarattı ona konuşmayı öğretti.
- Güneş ve ay'ın hareketleri bir hesaba göredir.
- Bitkiler ve ağaçlar O'nun buyruğuna boyun eyerler.
- O, göğü yükseltmiştir, tartıyı koymuştur.
- Artık tartıda tecavüz etmeyin!
- Tartmayı doğru yapın, tartıyı eksik tutmayın!
- Allah, yeri, canlı yaratıklar için meydana getirmiştir.
- Orada meyveler, salkımlı hurma ağaçları, kabuklu taneler, güzel kokulu otlar vardır.
- Ey insanlar ve cinler! Öyleyken, Rabbinizin nimetlerinden hangisini yalanlarsınız?
- O, insanı pişmiş çamur gibi kuru balçıktan yaratmıştır.
- Cinleri de yalın alevden yaratmıştır. Öyleyken, Rabbinizin nimetlerinden hangisini yalanlarsınız?
- O, iki doğunun Rabbidir, iki batının Rabbidir. Öyleyken, Rabbinizin nimetlerinden hangisini yalanlarsınız?
- Acı ve tatlı sulu iki denizi birbirine kavuşmamak üzere salıvermiştir;
- Aralarında bir engel vardır; birbirinin sınırını aşamazlar. Öyleyken, Rabbinizin nimetlerinden hangisini yalanlarsınız?
- Bu iki denizden de inci ve mercan çıkar. Öyleyken, Rabbinizin nimetlerinden hangisini yalanlarsınız?

- Denizde yürüyen dağlar gibi gemiler O'nundur. Öyleyken, Rabbinizin nimetlerinden hangisini yalanlarsınız?
- Yeryüzünde bulunan her şey fanidir.
- Ancak, yüce ve cömert olan Rabbinin varlığı bakidir. Öyleyken, Rabbinizin nimetlerinden hangisini yalanlarsınız?
- Göklerde ve yerde olan kimseler her şeyi O'ndan isterler; O, her an kâinatta tasarruf etmektedir. Öyleyken, Rabbinizin nimetlerinden hangisini yalanlarsınız?
- Ey insan ve cin toplulukları! Sizin de hesabınızı ele alacağız. Öyleyken, Rabbinizin nimetlerinden hangisini yalanlarsınız?
- Ey cin ve insan toplulukları! Gökleri ve yerin çevresini aşıp geçmeye gücünüz yetiyorsa geçin! Ama, Allah'ın verdiği bir güç olmaksızın geçemezsiniz ki! Öyleyken, Rabbinizin nimetlerinden hangisini yalanlarsınız?
- Ey insanlar ve cinler! Üzerinize dumansız bir alev ve ateşsiz bir duman gönderilir de kurtulamazsınız. Öyleyken, Rabbinizin nimetlerinden hangisini yalanlarsınız?
- Gök yarılıp da, gül gibi kızardığı, yağ gibi eridiği zaman haliniz nice olur? Öyleyken, Rabbinizin nimetlerinden hangisini yalanlarsınız?
- O gün ne insana ve ne de cine suçu sorulur. Öyleyken Rabbinizin nimetlerinden hangisini yalanlarsınız?
- Suçlular simalarından tanınırlar da, alın saçlarından ve ayaklarından yakalanırlar. Öyleyken, Rabbinizin nimetlerinden hangisini yalanlarsınız?
- İşte suçluların yalanladıkları(yakalandıkları) cehennem budur. Onlar cehennem ateşiyle kaynar su arasında dolaşır dururlar. Öyleyken, Rabbinizin nimetlerinden hangisini yalanlarsınız?

- Rabbine karşı durmaktan korkan kimseye iki cennet vardır. Öyleyken, Rabbinizin nimetlerinden hangisini yalanlarsınız?
- Bu iki cennet türlü ağaçlarla doludur. Öyleyken, Rabbinizin nimetlerinden hangisini yalanlarsınız?
- Bu cennetlerde akan iki kaynak vardır. Öyleyken, Rabbinizin nimetlerinden hangisini yalanlarsınız;?
- Bu cennetlerde her türlü meyveden çift çift vardır. Öyleyken Rabbinizin nimetlerinden hangisini yalanlarsınız?
- Orada, örtüleri parlak atlastan yataklara yaslanırlar; iki cennetin meyvelerini de kolayca toplarlar. Öyleyken, Rabbinizin nimetlerinden hangisini yalanlarsınız?
- Orada bakışlarını yalnız erkeklerine çevirmiş, daha önce ne insan ve ne de cinlerin dokunmamış olduğu eşler vardır. Öyleyken, Rabbinizin nimetlerinden hangisini yalanlarsınız?
- Onlar yakut ve mercan gibidirler. Öyleyken, Rabbinizin nimetlerinden hangisini yalanlarsınız?
- İyiliğin karşılığı ancak iyilik değil midir? Öyleyken, Rabbinizin nimetlerinden hangisini yalanlarsınız?
- Bu iki cennetten başka iki cennet daha vardır. Öyleyken, Rabbinizin nimetlerinden hangisini yalanlarsınız?
- Renkleri koyu yeşildir. Öyleyken, Rabbinizin nimetlerinden hangisini yalanlarsınız?
- İkisinde de durmadan fışkıran iki kaynak vardır. Öyleyken, Rabbinizin nimetlerinden hangisini yalanlarsınız?
- İkisinde de türlü türlü meyveler, hurmalıklar ve nar ağaçları vardır. Öyleyken, Rabbinizin nimetlerinden hangisini yalanlarsınız?
- Oralarda iyi huylu güzel kadınlar vardır. Öyleyken, Rabbinizin nimetlerinden hangisini yalanlarsınız?

• Çadırlar içinde ceylan gözlüler vardır. Öyleyken, Rabbinizin nimetlerinden hangisini yalanlarsınız?

• Onlara daha önce insan da, cin de dokunmamıştır. Öyleyken Rabbinizin nimetlerinden hangisini yalanlarsınız?

• Cennetlikler orada yeşil yastıklara ve harikulade işlemeli döşeklere yaslanırlar. Öyleyken, Rabbinizin nimetlerinden hangisini yalanlarsınız?

• Büyük ve pek cömert olan Rabbinin adı ne yücedir!..
(*Aynı Meal'den alıntılanmıştır.*)

VIII. İnanç Temeli

Allah'ın Elçisinin bu çağrısının temelinde, özünde yatan inanç; insanların çağrıldığı inancın temeli, özü, anlamlarını aktardığımız surelerde de açık bir biçimde görüldüğü gibi, "Allah'ın birliği"dir. Allah'ı, cahiliye insanının bilinçli olmayan algı ürünü anlayışındaki gibi "yalnızca yaratan ve takdir eden" olarak görmeyip; tüm yaratışın, mülkün, egemenliğin, gücün O'nda olduğunu ve yalnızca O'nun olduğunu bilmek, öylece inanmak...

O; yerleri, göğü, ikisi arasındakileri, kısacası her şeyi yaratan (7/A'raf: 73; 36/Yasin: 81; 39/Zümer: 5-62; 40/Mümin: 62; 45/Casiye: 22; 46/Ahkaf: 3). Yaratış için irade edip de "ol" deyivermesi yeterli gelen (6/En'am: 73; 16/Nahl: 40; 36/Yasin: 82; 40/Mümin: 68). Yaratmış bulunduğu bütün göklerin, yerin, ikisi arasındakilerin, doğuların, iki doğunun ve iki batının, insanların, insanların atalarının, Ay, Güneş ve Şira yıldızının ve âlemlerin hepsinin Rabbi olan (13/Ra'd: 16; 37/Saffat: 5; 44/Duhan: 7-8; 45/Casiye: 36; 53/Necm: 49; 55/Rahman: 17; 81/Tekvir: 29) Allah'tır.

Göklerde, yerde ve her ikisinin arasında bulunan (6/En'am: 12; 10/Yunus: 55 ve 66; 14/İbrahim: 2; 16/Nahl: 52; 31/Lokman: 26; 42/Şura: 4 ve 49; 53/Necm: 31). Gece ile gündüzün içinde barınan her ne varsa ve her ne yaşıyorsa, tümü birden, O'nundur (6/En'am: 13).

Yarattığı ve Rabbi bulunduğu, maliki olduğu bütün bu şeylerin; bütün göklerin, yerin, ikisi arasındakilerin, her şeyin üzerinde hükümranlık O'nundur (36/Yasin: 83; 39/Zümer: 44; 35/Fatır: 13; 53/Necm: 85; 45/Casiye: 27). Ve biricik hükümran, O'dur (20/Taha: 114; 23/Müminun: 116); O, Yüce Arşın sahibidir (23/Müminun: 116).

Yaradan, yaşatan, öldüren, dirilten, hep, O'dur (10/Yunus: 56; 15/Hicr: 23; 40/Mümin: 68; 41/Fussilet: 21; 44/Duhan: 8; 53/Necm: 44.); sonuçta dönüş O'nadır (10/Yunus: 56; 39/Zümer: 44; 41/Fussilet: 21) ve yalnızca O baki kalacaktır (15/Hicr: 23; 55/Rahman: 27).

Göklerde de, yerde de Allah olan, O'dur (6/En'am: 3; 43/Zuhruf: 84); tek Tanrı'dır (6/En'am: 19; Enbiya: 108; Saffat: 4), O'ndan başka tanrı yoktur (20/Taha: 8; 23/Müminun: 116; 40/Mümin: 62), "En güzel isimler", O'nundur (20/Taha: 8; 59/Haşr: 24). Ve göklerde ve yerde ne varsa, kendileri de, gölgeleri de -isteyerek, istemeyerek- sabah ve akşam O'na secde ederler (13/Ra'd: 15) O'nu tesbih ederler(50/Haşr: 24).

İnsanların Rabbi, insanların Meliki, insanların ilahı (114/Nas: 1; 2 ve 3) olan O Allah, "tekdir, her şeyden müstağnidir, her şey O'na muhtaçtır, doğurmamıştır, doğmamıştır ve hiçbir şey O'na denk değildir" (112/İhlâs: 1-4).

İnancın bu temel üzerine oturması, bu çekirdek çevresinde oluşmuş bulunması, elbette, Cahiliyenin ürettiği inancı temelinden yıkacağı gibi, tüm toplumlar için geçerli olan toplumsal yapının inanca göre yapılanması kuralınca, toplumu da sarsıcı, yıkıcı, yeniden kurucu bir eyleme, bir oluşa yol açacaktır.

Cahiliye kendi biçimlendirdiği "tanrı" veya tanrılarını bırakıp, gerçekliği Elçinin çağrısıyla ortaya konulan tek Tanrı olan Allah'a bağlanmak durumuyla karşı karşıya kaldığı gibi, kendince ve hevası doğrultusunda oluşturmuş, kurmuş, kurallandırmış bulunduğu toplumsal yapısından el çekip, Allah'ın buyruklarına göre yapılanan bir yeni yaşam biçimini benimsemek zorunluluğuyla da burun buruna gelmiş olmaktadır.

"Allah'tan başka tanrı yoktur ve ben Allah'ın Elçisiyim" içerikli bir tek cümle, işte böylece, böylesine büyük bir sarsıntının/devrimin ve tüm dengeleri değiştirici oluş sürecinin anlatımı olarak alana uzatılmış bir bayrak gibi dalgalanmakta, dalgalanmakta ve insanları çevresinde toplamaktadır; toplamağa başlamış bulunmaktadır.

IX. Teslimiyet

Allah'ın Elçisinin bayrağı çevresinde toplananlar, o bayrak altına girerek O'nun getirmiş bulunduğu inancı benimseyenler, O'na bağlananlar, böylece, Yüce Allah'a teslim olmuş olmaktadırlar.

O Allah ki, âlemlerin Rabbidir. Rabbi olduğu tüm âlemi, âlemdeki varlıkları esirgemekte, korumakta, yetiştirmekte, kendilerini sürdürebilmeleri için gereksinmelerini karşılayıcı nimetleri lütfetmekte; belli bir ölçüye göre rızıklandırıp, belli bir süre için yeryüzünde tuttuktan sonra öldürmekte, sonra tekrar diriltmekte, diriliş sonrasındaki bağışlayıcılığıyla inananlara Cennet nimetlerini bağışlarken, günahkâr ve inkârcılara da yaptıklarının karşılığını vermektedir. Âlemlerin Rabbi olduğu gibi, "Din Günü"nün de biricik sahibidir. Ve, tüm övgüler, tüm hamdler, tüm yönelişler, yalnızca, O'na özgüdür.

İnanmak ve teslim olmakla "Müslüman" adını alan kimseler, kendilerine İslâm'ı din olarak seçmiş olanlar, yalnız ve yalnızca O'na kulluk etmektedirler. Bu, tapınma bağlamında olduğu ölçüde "isteme" doğrultusunda da kendini gösteren bir kulluktur. Çünkü yine yalnızca O'ndan istemektedirler, O'na kulluk etmekte olanlar. İstenmekte olanın "yardım" olduğu bilincinde bir istemdir bu. "Hak" değil de, yardım...

Çünkü, O'nun kullarını yaratması da, insana bağımlı kıldığı ve insanın yararına boyun eğici, elverici bir yapıda yaratmış bulunduğu âlem de, bu âleme dolayımlı olarak iletmiş bulunduğu ve iletmekte olduğu tüm nimetler de, yaşatması da, öldürmesi de, yeniden diriltmesi de, öteki dünyada vereceği Cennet nimeti de ve Cennetteki nimetler de ve edilip eylenenler dolayısıyla takdir edilmiş bulunan karşılıklar da, evet, birer "hak" değil, birer lütuftur, keremdir, rahmettir.

O, Malik olduğu için, memlûkun hak sahibi olması söz konusu edilemezdir de, ondan... Ve, bu böyle olduğu için de, O'na kulluk edenlerin O'na yönelik istemleri birer "yardım" dilemedir ve kulları O'ndan yardım isterler... Yalnızca O'ndan...

Üstelik onlar nimetin en büyüğü ve en değerlisi olarak "iman" ve "doğru yol"u gördükleri için, yardımı özellikle ve öncelikle "doğru yola iletilmek" ve böylece nimete ermiş olmak açılımında isterler. Çünkü bilirler ki, Yüce Allah'tan başka hiçbir kimse ve hiçbir şey insanı doğru yola eriştirmez... Bunu diler ve gazaba uğramışlar arasına katılmamak için de yine O'na sığınır, O'nun yardımını isterler. (1/Fatiha'nın ışığında)

Oluşmakta olan, oluşan, işte, bu idrake, bu bilince erişmiş olan bir kişiliktir. Bu kişiliğin dünyaya bakışı, varlığı yorumlayışı, Yaradan'a yönelişi ve yaratılmışlara yaklaşımı yepyeni bir olgu olarak ufukta ışıldamaktadır.

Kendi toplumunu, kendi kurumlarını, kendi kurallarını, kendi ilişkilerini ve kendi dengelerini kendi heva ve hevesi doğrultusunda kurmuş bulunan Cahiliye, bu durumdan kendi dışlarında, hatta insanın dışında kurulmakta olan bir dengeyi, nüveleşen bir kurumlaşmayı, kendini gösteren bir kurallaşmayı sezmekte; bundan tedirginlik duymakta, olayın ilk görüntülerinden bu yana -bu sebeple- Ebu Cehiller kaygı ve korku içine düşmüş bulunmaktadırlar...

Bölüm 3
DİRENME

Direnme

I. Sebepler

Hanif olduğunu öne süren ve tek tanrıcılığı savunan şairler ve konuşmacılar, panayırlarda, çarşılarda, pazarlarda, şiir meclislerinde ve hatta sırtlarını Kâbe'ye yaslamış olarak "Beyt" dâhilinde görüşlerini, inanışlarını savunur, inançlarını apaçık anlatır, putlara tapmanın yanlışlığını vurgular ve dahası, inançlarını İbrahim aleyhisselamın dinine ilintiler de, gerek toplum ve gerekse bireyler bunlara pek tepki göstermez, neredeyse, "kaale" almaz ve onları da toplumun çeşnilerinden biri olarak görüp, içten içe de imrenme ve -dıştan- saygı duyarlarken... Yüce Allah'ın Elçisine tepki büyük oldu. O'nun çevresinde toplananların, ancak, altı yıl gibi uzun bir süreden sonra kırk kişiye ulaştığını düşünmek, sanırım, bu "tepki"nin büyüklüğünün en belirgin göstergesi...

Bu tepkinin, kesinlikle, birçok sebepleri vardır. Ve, bu sebeplerin ilkleri arasında, kesinlikle, getirilmekte olan inancın toplumda tüm dengeleri değiştireceği yolunda bilinçli bir kaygı yoktur. Hatta yine ilk sebepler arasında inanılmakta olan kimi değerleri kollama çırpınışı bile doğru dürüst ve belirgin bir biçimde yer alıyor değildir. Haniflere takınılan tutum, evet, bunun öyle olduğunu gösterir.

Öyleyse, sebepler nelerdir? Bu soruyu ilkin, "sebep nedir?"e dönüştürüp, tekil bağlamda ele aldıktan sonra, giderek, alanını genişletip "sebepler" biçiminde bir irdeleme yapmak daha doğru olacak; böylesi, daha sağlıklı sonuçlar verici bir yaklaşım için daha elverişli olacaktır.

Sebep, bir önceki bölümde de kısaca değindiğimiz gibi, ortaya çıkan kimsenin bir "elçi" olması; elçi olduğunu söylemesi, "elçi" olduğuna ilişkin kanıtları: Yüce Allah'tan vahiy getirmesidir.

Evet, "elçi"liğin anlamı, işlevi ve getireceği sonuçlar... Sebebi bu noktada aramak gerekir.

Cahiliye Arapları ile "Allah" arasında, oysa "elçi"ler, hep var ola gelmiştir, işlev vermiştir. Yineleme olacak ama, yeniden belirtmek zorundayız: Kâhinler vardır. Şairler vardır. "Melekler" vardır. Cinler vardır. Putlar vardır. Bunların tümü "elçi"dir, Cahiliye Arapları için.

Ama şu var: Tümü birden kendilerinin Allah'a olan elçileridir. Ama dileklerini, ama sorunlarını, ama duygularını, ama adaklarını, ama korunma isteklerini, ama korkularını, şunlarını veya bunlarını, gereksinme duyacakları her şeylerini Yüce Allah'a iletmek veya iletebilmek ve böylece kendilerini sağlama almak için kullandıkları "elçi"ler. (Hâşâ) Yüce Allah'la olan ilişkilerini düzenleyen veya onunla ilgili olan veya olması mümkün görünen işlerini gören "maslahatgüzar"lar ve hizmetçiler. Ve, akış tek yönlü. Yaratılandan Yaratıcı'ya; kuldan Allah'a doğru...

Allah'a olan inançlarını kendilerince biçimlendirdikleri gibi, "elçi"leri de yine gereksinme veya isteklerine göre nitelemiş, görevlendirmiş, belli bir yere oturtmuşlardır. Öyle ki, tüm bunlar kendileri istedikleri, aralarında yer verdikleri için vardır. İnanç, kendi ürettikleri, sürdürdükleri, biçimlendirdikleri ve gerektiğinde "tadilat ve tahvilat, belki de tamirat" yapabilecekleri ya da yapa durdukları bir eklenti gibi göze çarpıp durmaktadır yaşamda.

Oysa, bu yeni ortaya çıkan "Elçi" işte bu alıştıkları türden değildir. Hiçbir yanıyla diğerine, diğerlerine benzememektedir.

Öncelikle O'nu kendileri belirlememiş, biçimlendirmemişlerdir. İmgelemelerinin ürünü olmadığı gibi, yaşamı boyunca, onunla, kâhin ve şairlerle yaşadıkları türden kimi paylaşımları da olmamıştır. Ne meyhanede ne de Kâbe'deki putlara tapınma sırasında ne de başka bir ortamda aynı fotoğraf karesi içinde bulunmamışlardır.

O, daha "elçi"liğinden önce bile herkesten başka bir çizgi belirtmiş, bu yanıyla saygınlık kazanmış, kişiliğini herkese onaylatmıştır. Etki yapılabilecek, kişiliğine biçim verilebilecek, davranışlarına yön çizilebilecek bir kimse olmadığı bilinmektedir. Bu durumda, O'na, kendi yaşamları içinde bir yer verip de oraya oturtmaları mümkün olmamaktadır/olmayacaktır.

Kaldı ki, "elçilik" işlevi de diğerlerinden çok başka... "Allah'ın Elçisi..." İnsanlardan Allah'a elçi değil de, Yüce Allah'tan insanlara elçi... Onlardan Allah'a götürmeyecektir de, Yüce Allah'tan onlara getirecektir. Getirilecek olan ise, açıktır ki, "buyruk" olacaktır.

Yüce Allah, buyuracaktır. Ve, elbette ki ilk buyrukları kendisini tanıtıcı, kendi gerçekliğini ortaya koyucu; dolayısıyla da, "Allah inancı" yolundaki keyfi yorumları yok edici buyruklar olacaktır. Yaratıcılığı onaylanmakla birlikte, işte, "o yerde bırakılmış" gibi toplumun dışında tutulan, toplumsal ilişkiler ve kişisel tutumlarda "heva"nın biricik etken durumuna getirilmesi sonucu yaşamdan dışlanan Yüce Allah, "Elçi"nin diliyle kendi buyruklarını iletince, birden, âlemde ve toplumda biricik egemen varlık olacak, daha doğrusu O'nun bu gerçekliği algılanabilecek ve her şey tümüyle toptan ve temelden değişecektir.

Sebebin ilki budur. Gerçekteyse, "ilk"i değil, biriciği budur. Direnme, bu yüzdendir. Ötekilerse, ya olmakta olanın hikmetini kavrayamamaktan dolayı bilinçsizce yapılan çıkışlar ya alışkanlıklardan kurtulamama ürünü tepkiler ya öz konumunu yitirme korkusunun geliştirdiği direnişler ya şunlar ya bunlardır.

Ve hangisi ise, yine de o ön plandadır, gündemdedir. Çünkü hiç kimsenin Yüce Allah'a özgü olan tartışmasız, sınırsız, kuşatıcı ve karşı konulmaz egemenliğin onaylanmasına açıktan açığa bir karşı diyeceğinin olması, Cahiliye toplumunda bile, mümkün ve akıl alır bir durum değildir. Bu yüzden, hep diğer "sebepler" birer "sebep" olarak göze çarpmakta, öne sürülmekte, tutamak yapılmaktadır, "Elçi"ye direnmek ve karşı çıkmak için...

II. Usulsüzlük

Cahiliye Arapları, Yüce Allah tarafından kendisine vahyedilen bir "elçi"nin gönderilmesine şaşmış, böyle bir olguyu '"tuhaf" olarak karşılamıştır. Bu "tuhaf" karşılayış, üç ayrı düzlemde anlatımını bulmuştur.

İlki, "içlerinden biri"nin, "elçi" oluşu; kendilerine, kendilerinden birinin "elçi" olarak gönderilmiş bulunmasıdır. (10/Yunus: 2; 38/Sad: 4; 50/Kaf: 2)

İkinci düzlem, bu elçi'ye "vahy edilmesi" (10/Yunus: 2) ve O'nun bir "uyarıcı" olarak (38/Sad: 4; 50/Kaf: 2) gönderilmiş bulunmasıdır.

Tuhaf karşılamanın üçüncü düzlemiyse, Elçi'nin sözlerinin benimsenmemesi, şaşırtıcı bulunmasıdır. (38/Sad: 5; 50/Kaf: 3)

Bu tutum, bu "tuhaf" karşılama biçimindeki davranış, bir bakıma, işin "esas"ına girmeden bir ön karşı koyma, "usul" bakımından yapılan "itiraz"a benzer. Olayda bir "usulsüzlük" varmışçasına bir davranım içine girilmektedir.

Bu anlayışa götüren olay, olgu, durum ve akıl yürütmeler üzerinde de durmalıyız, şu bulunduğumuz aşamada.

Onları şaşkınlaştırıcı ilk vuruş, "kendilerine" bir elçi'nin gelmiş olmasıdır.

Evet; onlar Yahudileri tanımaktadır, onlarla sıkı ilişkileri ve neredeyse "ortak" denilebilecek bir toplumları, yaşamları vardır. Dolayısıyla "elçi" olgusundan da haberlidirler. Ama, elçilerin hepsi, hem de çok bol sayıda, hep onlara, İsrailoğulları'na gelmiştir. Öyle ki, onlara "elçi" gönderilmesi, bir bakıma olağanlaşmış gibidir. Çünkü, Yahudilerin tarihi, bir yüzüyle, sanki "peygamberler tarihi" gibidir. "İsrailoğulları Nebileri" olağan ve sıradan bir tamlama ve tanımlamadır bu "bolluk" sebebiyle.

Ama, İsmailoğulları'na, Araplara daha önce hiç peygamber gelmemiştir. (32/Secde: 3; 36/Yasin: 6) Ataları olan İsmail aleyhisselamdan sonra onlara gelmiş olan herhangi bir "elçi" bilinmemektedir. Yahudiler içinden peygamber çıkmaması ne ölçüde "tuhaf"sa, Araplara da bir "elçi"nin gelmesi o oranda şaşılacak bir durum gibi görülüp algılanabilecek bir vakadır bu...

Bu, "ortam"dan yola çıkılarak varılması mümkün bir yargıdır...

İkinci nokta, "kişi"nin çevresinde belirlenebilir. Cahiliye Araplarının kendileri ile Yüce Allah arasına koyduğu, koymuş bulunduğunu sandıkları "aracılar", genelde put, cin, "melek" gibi, insan olmayan varlıklardır. Şimdiyse, bir insanın "elçi"liği söz konusu... Bu şaşkınlıklarını ya da bu noktadan yola çıkarak akıl yürütme sonucu vardıkları yargıyı, "O da sizin gibi insan değil mi?" (17/ İsra: 94; 21/Enbiya: 3) sözleriyle dile getirirler.

Onlara göre, "elçi" ya melek olmalıydı (6/En'am: 9) ya da kendisine yanında gezdireceği ve herkeslerin de görebileceği bir melek indirilmiş bulunmalıydı (11/Hud: 2 ve 12; 15/Hicr: 7; 17/İsra: 90-93; 25/Furkan: 7 ve 21). Olmazsa, yanında hiç değilse "hazineler" bulundurmalıydı (11/Hud: 12). Yahut, başkaca belgeler (10/Yunus: 20; 13/Ra'd: 7 ve 27; 17/İsra: 93; 20/ Taha: 133; 21/Enbiya: 5; 29/Ankebut: 50)... Hatta Elçi olan kişi, Yüce Allah'ı da karşılarına getirip onlara göstermeliydi (17/İsra: 93). Çünkü, onların anlayışınca, Yüce Allah, bugüne dek hiçbir insana hiçbir şey indirmemişti (6/En'am: 91).

Dahası: İlle de bir "insan"a vahy edilecek, "elçilik" verilecekse, Mekke'deki Velid bin Muğire veya Taif'teki Urve bin Mes'ud-i Sakafi'ye, iki memleketteki bu ululardan birine verilmeli değil miydi?... (43/Zuhruf: 31)

Üçüncü nokta ise, Elçi'nin çağrısının bütünüyle alışılmadık olmasında göze çarpar. Gerçekten de, "tuhaf" buluşlarında, öldükten sonra dirilme olgusunun dile getirilmiş bulunmasının (50/Kaf: 3) ya da "tanrıları bir tek tanrı yapmış" olmasının (38/Sad: 5) pay taşıdığını gözlemek mümkündür.

Bu üç noktadaki algı zorluğu veya kavrayış kamaşması dolayısıyla, Cahiliye Arapları, Vahy alan bir elçinin İsmailoğulları arasından çıkması karşısında şaşırmıştır.

III. Kamuoyu Oluşturma

Ancak tüm bu olaylara, ayrıca da olayları bize haber vermekte bulunan ayetlere daha kuşatıcı bir göz attığımızda, sebeplerin birer sudan sebep veya göstermelik sebep olmaktan ileri gidemediği gibi, karşı koymaların da -değinmiştik- bilinçli birer karşı koyuş olmadığını görürüz.

Gerçekten de, toplumun içyapısına ve bireylerin vicdanlarına -zamanlar boyunca- iyiden iyiye sinmiş olan ve ortak koşuculuklarına karşın silinemeyen, hâlâ varlığını sürdüren Allah inancına -doğrudan doğruya- karşı çıkmak yürekliliği gösterilemediği. Ve öte yandan da Elçi'nin Yüce Allah'ın gerçekliğini bildirmesi sonucu yanlış inancın hemen düzelebileceği kaygısı da gündemde olduğu içindir bu çabalamalar. Allah'a yöneltilemeyen, "maşeri vicdan" dolayısıyla yöneltilmesi mümkün olmayan saldırıların O'nun gerçeğini gözler önüne serici Elçi'ye doğru yönlendirilmesine çalışılmaktadır.

Evet; bakılırsa görülecektir, tüm saldırılarda Elçi'nin hedef alındığı. Hedef almanın bu kaygıdan kaynaklandığı ve tüm öteki sebeplerin birer "kamuoyu" ögesi olarak ortaya atılıp, bu amaçla diri bir biçimde gündemde tutulduğu, kolayca belirlenebilecektir.

Büyük bir kampanya sürdürülmektedir.

Allah'ın Elçisi'nin aleyhine... O'nun etkilerini silmek, O'nu etkisizleştirmek ve O'na adımlarını geri aldırtmak için sürdürülen bir kampanya. Kamuoyu denilen baskı ögesinin oluşması için çok yönlü, çok yanlı, geniş alanlı ve geniş kapsamlı bir çalışma sürüp gitmekte, sürdürülmektedir. Allah'ın Elçisine ve getirmiş bulunduklarına karşı kulakları tıkatıcı sonuçlara dönük çalışma, propaganda...

"Delidir" diyorlar (15/Hicr: 6-7; 37/Saffat: 36; 34/Sebe: 8; 44/Duhan: 14; 51/Zariyat: 52; 95/Tur: 29-30), delilere kimsenin kulak vermeyeceğini ve sözlerinin de ciddiye alınmayacağını düşünerek... Ama delinin deliliği belli olmaz mı? Olur, olmasına da; onlar için önemli olan delinin deliliğinin belli olup olmaması değil, sonuç alıcı bir nitelemede bulunmaktır.

Öte yandan basit gibi görünen bu nitelemede aslında gözlerden gizlenmek istenen üç önemli gerçeklik dile gelmektedir:

Birincisi, Elçi'nin onların çarpık inanışları karşısında kendi inancına bağlılıktaki azmi karşısında duydukları ama gizlemeye çalıştıkları hayranlıkları...

İkincisi, uygulanan baskılara karşın gösterilen direnç karşısındaki şaşkınlık. Sanki, "Şuna bakın! Nasıl da isyan edebiliyor; bu ne cesaret?" der gibidirler. İnanç mücadelesinin künhünü kavrayamadıkları için bu duruş kendilerine gerçekten de bir tür delilik gibi görünüyor.

Üçüncüsü, o güne kadar sahiplendikleri ve savundukları inançlarına ve bu inanış sisteminin sağladığı saygın ve parlak konumlarına yönelik bu çıkışı halkın nazarında iftiralar atarak, aşağılamalarda bulunarak etkisizleştirebileceklerini, hatta önleyebileceklerini sanmaları, buna inanmaları...

Kendisine büyücü (10/Yunus: 2; 38/Sad: 5; 51/Zariyat: 52.), söylediklerine (ki, genellikle Kur'ân anlatılıyor) "büyü" yakıştırması yapılıyor (6/En'am: 7; 11/Hud: 7; 21/Enbiya: 3; 34/Sebe: 43; 46/Ahkaf: 6). Üstelik kendisi de, büyülenmiş bir kimse (17/İsra: 47).

Büyücülük az geliyor, küçük kalıyor, gözlenen olaylar karşısında. "Kâhin" diye niteleniyor (95/Tur: 29) bu kez.

Ve, "şair" (21/Enbiya: 5; 7/Saffat: 6)... Uydurmacı...

Karışık rüyalar (21/Enbiya: 5) ve de başkalarının yardımıyla (25/Furkan: 4) düzülmüş uydurmalar oluyor, şimdi de, söyledikleri (10/Yunus: 38; 11/Hud: 3; 16/Nahl: 101; 21/Enbiya: 5; 32/Secde: 3; 34/Sebe: 43; 46/Ahkaf: 7; 95/Tur: 33)...

Evet; eskilerin masallarını (46/Ahkaf: 11) birileri öğretiyor (16/Nahl: 103); O, bunları okuyor (6/En'am: 105), bir başkasının yazmış olduklarından sabah-akşam okuyor (25/Furkan: 5) da, böylece, belletilmiş bir deli (44/Duhan: 14) olarak konuşuyor, konuşuyor.

Sözleri, birer "öğretilen büyü" olarak "insan sözleri"dir (74/Müddessir: 24-25), de, O, yalancılığıyla (38/Sad: 5) Allah'a iftira etmektedir (34/Sebe: 8; 42/Şura: 24). Peygamber filan değildir (13/Ra'd: 43).

Hem peygamber olsa, melekler indirmesi (6/En'am: 8; 11/Hud: 12; 15/Hicr: 6-7), mucizeler göstermesi (13/Ra'd: 7 ve 27; 20/Taha: 133; 21/Enbiya: 5; 29/Ankebut: 50), sonsuz hazinelerinin bulunması (11/Hud: 12), altından yapılmış bir evinin olması, göğe yükselmesi, oradan okunacak bir kitap getirmesi (17/İsra: 93); üstelik bu kitabı bir bütün olarak getirmiş olması (25/Furkan: 32) gerekmez miydi?

Evet; iftirası ve yalanından ötürü de, işte, Yüce Allah O'nu cezalandırmış, "ebter/soyu kesik" bir duruma düşürmüştür (108/Kevser: 3).

İşte, Yüce Allah'ın Sevgili Elçisinin aleyhine Ebu Cehil toplumunca başlatılmış olan ve canlı bir biçimde yürütülen kampanyanın, propaganda kampanyasının belli başlı savları, sözleri...

Kamuoyu oluşturmada insanı yerinde dondurabilecek bir uzmanlık olayıyla karşılaşıyoruz burada. Gerçekte söylenenleri anlayıp akletme konusunda davar gibi ve belki onlardan da beter olan bu kimseler (25/Furkan: 44), kamuoyu oluşturmada az rastlanır bir taktikle şunu ekliyorlar sözlerine: "Eğer O'na inanmak iyi bir şey olsaydı, o inananlar bu hususta bizi geçemezlerdi." (46/Ahkaf: 11)

Üzerinde durulması gereken nokta şudur: Bu sözü söyleyenler o toplumun ileri gelenleridir ve herkesin gördüğü gibi "yararlı" olan her alan ve her konuda, onlar diğerlerinden öndedirler. Şimdi önde olmadıklarına göre?. Yanıt açıktır...

İnanmış kimselere -sözüm ona ve kendilerince- olan üstünlüklerini yalnızca yukarıdaki ve benzeri sözlerle, sözde de bırakmıyorlar... Onlara rastladıkça göz kırpıştırıyor, gülüyor, gülüşüyorlar. (83/Mutaffifin: 29)

Sözleriyle uyandırdıkları kuşku, hafife alma, eğlendirici bulma izlenimlerini diri tutmak için, hiçbir fırsatı kaçırmadan, hem Allah'ın Elçisi, hem de O'na inanmış olanlarla eğleniyor, onları alaya almaktan geri durmuyorlar. (6/En'am: 10; 26/Şuara: 30; 37/Saffat: 14)

Bu alanda da birkaç örneğini verelim kamuoyu oluşturma doğrultusundaki ustalık ve uzmanlıklarının. Allah'ın Elçisi için söylenmekte olan kimi sözleri örnek olarak sunalım:

"Sizin tanrılarınızı diline dolayan bu mu?" (21/Enbiya: 36)

Hafife alma ve hafife alıştaki haklılığını vurgulama tavrındaki beceriklilik nasıl da göze çarpıyor, değil mi?

Ya da:

"Allah'ın gönderdiği Elçi bu mudur?" (25/Furkan: 41-42)

Dudak bükmenin mi desek, yoksa hiç hesaba almamış olmanın mı, küçümsemenin mi, neyinse işte onun dik alası değil mi, bu söz?

Ve hele:

"Size, siz parça parça dağılıp yok olduğunuz zaman yeniden dirileceğinizi haber veren bir adam göstereyim mi?" sorusu... Ve, Allah'ın Elçisi şöyle burun ucuyla gösterildikten sonra cümlenin tamamlanışı: "Allah'a karşı yalan mı uyduruyor, yoksa kendisinde delilik mi var?" (34/Sebe: 7-8)

Ebu Cehil'in baş çektiği bu "ebucehiller" toplumunun 'kamuoyu oluşturma ve toplumun nabzını elinde tutup, onu istediği yöne başarıyla güdümleme konusundaki uzmanlık ve başarısının en büyük tanığı da, bu çok önemli, altı yıl gibi bir süre içinde Allah Elçisine ancak kırk kişinin inanmış olması değil midir?

Düşününüz ki, O, toplumun en soylu ailesindendir (Araplar için bu çok önemli), iyi ahlakı ve doğruluğuyla tanınmıştır, güzel konuşabilen biridir, ticarette başarılı olmuştur, yakışıklıdır, zengin bir eşle evlidir, önde gelenler arasında dostları vardır... Kısacası her yönden saygın ve güvenilir bir kişidir... Ama, işte böylesine kamuoyu yönlendirme uzmanlarının engellemeleri sonucudur ki, evet, kırk kişiyi ancak altı yıllık bir çaba sonunda sözlerine inandırabilmiştir:

"Söz"ün değerli tutulduğu ve egemen olduğu bir toplumda da, elbette ki, hem kamuoyu, hem de kamuoyu oluşturma böylesine bir önemli yer tutar.

IV. Vuruşlar

Allah'ın Elçisine ve O'nun getirdiklerine, getirmekte bulunduğuna yönelik bu azgın kampanya, elbette ki karşılıksız bırakılmamış; gerek Yüce Allah, gerek Elçisi ve gerekse inanmış olanlar, gerektiğinde ve gerektiği yerlerde gerektiği biçimde karşılıklar vermişler, onların savlarını çürütmüşlerdir.

Gerçekten de, Allah'ın Kitabında bu saldırıların haber verildiği hemen her ayette veya bir sonrasında, öne sürülen savların yanıtı da verilmiş, tümü çürütülmüştür. Bu kampanyaya ilişkin haberler de, temelde, o gün için o sözleri alıp da, Yüce Allah'ın Kelamıyla yanıtlamak ve çürütmek gibi bir olayın sonucu olarak Kitap'ta yer almıştır. Bu bakımdan, ortak koşucuların her sözünün, her savının, her yalanının, her iftirasının hemen ardından bunların yanıtlarının da ayetlerde yer almış olmasına şaşmamak gerekir.

Ortak koşucuların "Muhammed'e elbette bir insan öğretiyor." (16/Nahl: 103) savlarının haber verilmesinin hemen ardından, "Kastettikleri kimsenin dili yabancıdır. Kur'ân ise, fasih Arapçadır." (16/Nahl: 103) buyrulmuş olmasını, onlara verilen yanıtların bir örneği olarak anlamakla yetiniyoruz.

Çünkü bu bölümde, ortak koşucuların öne sürdükleri savlara karşı yapılan savunmalara değil de, tersine, onlara yapılan vuruşlara değinmek istiyoruz. Savunmayı tek an olsun bırakmamakla birlikte, öte yandan, savunmanın çok ötesinde ve üstünde bir tutumla karşı saldırıya geçme taktiği... Kamuoyu önünde bir yandan yapılmakta olan suçlamaları yanıtlamak, çürütmekle birlikte, öte yandan karşıdakilerin açık yanını bulup, onları gündeme getirerek kamuoyunu kendine çevirme yöntemi...

"Yanlış"lık savının öne sürüldüğü bir yerde, "doğru"luğunu söylemekle kalmaksızın, ayrıca diğerlerinin "yanlış"lığını vurgulamak... Önemli bir nokta...

"Yanlışlığı vurgulanan nokta" olarak Cahiliyenin Tanrı anlayışı ön planda görünüyor. O dönem insanının, gerek Allah'la birlikte putlara veya putlarla birlikte Allah'a inanıyor olması, gerek yapılmakta olan çağrıdaki temel ögenin "Tek Tanrı'ya inanç" olarak belirmiş bulunması, gerekse Ebu Cehillerin karşı çıkmalarında kendi çıkarlarına olan toplum dengesi yerine "ataların tanrıları"nın saldırıya uğramakta bulunduğu savını ortaya atmaları, konuyu "odak" durumuna getirmiş olmakla da, bu ön plana geçiş için alabildiğine elverişli koşullar da vardır.

Ayetlerin anlamlarına baktığımızda Cahiliye toplumuna yapılan vuruşların nasıl da can alıcı ve kamuoyunu içten içe sarsıcı noktalara yapıldığını daha bir açıklıkla görürüz:

"De ki: 'Koştuğunuz ortaklardan, önce yaratan, sonra bunu tekrar eden var mıdır?' De ki: 'Allah, önce yaratır, sonra bunu tekrar eder. Nasıl da döndürülürsünüz?' De ki: 'Koştuğunuz ortaklardan gerçeğe eriştiren var mıdır?' De ki: 'Ama, Allah gerçeğe eriştirir. Gerçeğe eriştiren mi, yoksa birisi götürmezse gidemeyen mi uyulmaya daha layıktır? Ne biçim hüküm veriyorsunuz?'" (10/Yunus: 34-35)

"De ki: 'Göklerin ve yerin Rabbi kimdir?' 'Allah'tır' de. 'Onu bırakıp kendilerine bir fayda ve zararı olmayan dostlar mı edindiniz?' de. 'Kör ile gören bir olur mu veya karanlıkla aydınlık bir midir?' de. Yoksa Allah'a Allah gibi yaratması olan ortaklar buldular da, yaratmaları birbirine mi benzettiler? De ki: 'Her şeyi yaratan Allah'tır. O, her şeye üstün gelen tek Tanrıdır.'" (13/Rad: 16)

"De ki: 'Geceleyin ve gündüzün sizi Rahman'dan kim koruyabilir?' Ama,onlar Rablerinin kitabından yüz çevirmektedir. Yoksa kendilerini bize karşı savunacak tanrıları mı var? O tanrılar kendilerine bile yardım edemezler. Katımızdan da dostluk görmezler." (17/İsra: 42-43)

"De ki: 'Söyler misiniz? Eğer Allah geceyi üzerinize kıyamete kadar uzatsaydı. Allah'tan başka hangi tanrı size bir ışık getirebilir? Dinlemez misiniz?' De ki: 'Söyleyin: Eğer Allah gündüzü üzerinize kıyamete kadar uzatsaydı, Allah'tan başka hangi tanrı, içinde istirahat edebileceğiniz geceyi size getirebilir? Görmez misiniz?'" (28/Kasas: 71-72)

"De ki: 'Allah'ı bırakıp da, göklerde ve yerde zerre kadar bir şeye sahip olmadığı, her ikisinde de bir ortaklığının bulunmadığı ve hiçbiri Allah'a yardımcı olmadığı halde tanrı olduklarını ileri sürdüklerinizi yardıma çağırsanıza!..'" (34/Sebe: 22)

"De ki: 'Allah'ı bırakıp taptığınız şeyleri görüyor musunuz? Yeryüzünde ne yaratmışlar, bana göstersenize! Yoksa Allah'la ortaklıkları göklerde midir? Eğer, doğru sözlü iseniz size indirilmiş bir kitap veya intikal etmiş bir bilgi kalıntısı varsa, bana getirin!' Allah'ı bırakıp da, kıyamet gününe kadar cevap veremeyecek şeylere yalvarandan daha sapık kimdir? Çünkü yalvardıkları şeyler yalvarışlarından habersizdirler." (46/Ahkaf 4-5)

Birkaç örnek daha vermeliyiz:

"Allah, geceyi gündüze katar, gündüzü geceye katar; belirli bir süre içinde hareket eden Güneş'i ve Ay'ı buyruk altına almıştır. İşte, bu, Rabbiniz olan Allah'tır. Hükümranlık O'nundur. O'nu bırakıp taptıklarınız bir çekirdek kabuğuna bile sahip değillerdir." (35/Fatır: 13)

"Ey insanlar, bir misal verilmektedir şimdi onu dinleyin: Sizlerin Allah'ı bırakıp da taptıklarınız bir araya gelseler, bir sinek bile yaratamayacaklardır. Sinek onlardan bir şey kapsa, onu kurtaramazlar; isteyen de, istenen de aciz..." (22/Hac: 73)

Ve işte:

"Ey inkârcılar! Şimdi, Lat, Uzza ve bundan başka üçüncüleri olan Menat'ın ne olduğunu söyler misiniz?" (53/Necm: 19-20) "Bunlar sizin ve babalarınızın taktığı adlardan başka bir şey değildir. Allah onları destekleyen bir delil indirmemiştir. Onlar sadece sanıya ve canlarının isteğine uymaktadırlar. Oysa onlara Rablerinden, and olsun ki, doğruluk rehberi gelmiştir." (53/Necm: 23) "De ki O'na taktığınız ortakları bana gösterin... Yoktur ki!.. O, güçlü olan, Hakim olan Allah'tır." (34/Sebe: 27)

Dahası:

"Eğer, yerle gökte Allah'tan başka tanrılar olsaydı, göklerin ve yerin düzeni bozulur, yok olurlardı. Arşın Rabbi olan Allah onların vasıflandırdıklarından münezzehtir." (21/Enbiya: 22)

Evet; Cahiliye toplumunun Efendimiz aleyhissalatvesselama gelinmesini önlemek için aleyhine başlattığı yalan ve iftira kampanyasına karşılık, işte, onların Yüce Allah'a ortak koştukları tanrılarına ilişkin inançlarının boşluğu vurgulanmakta ve bu yapılırken de, özellikle, geniş çerçevede katılım sağlayıcı bir yönteme başvurulmaktadır.

V. Diğer Etkenler

Ama altı yılda ancak kırk kişinin "iman" etmiş bulunmasını, yalnızca kamuoyunun bu gel-gitlerinde, bir türlü belli bir yönelim içine giremeyecek ölçüde çok yönlü etkilenmeye açık bulunuşunda aramak ve ona bağlamak, elbette, kuşatıcı bir tanı ve tanımlama olmayacaktır.

Her olay gibi bu da karmaşıktır, iç içe geçmiş çeşitlilikler bütünüdür. Çok çeşitli düzlemlerde ele alınması gereken çok başka başka olayların, etkilerin, oluşların verimi ve sonucu olan bir gelişme veya gelişememe veya yerinde sayma ve direnme söz konusudur.

Olaya Ebu Cehil, Ebu Leheb gibiler başta olmak üzere toplumun önde gelenleri açısından bakacak olursak, ilkin, Cahiliye Araplarının baş özelliği olan "büyüklenme" engeli ile karşılaşacağız. İleri gelenlerin hemen hemen hepsi, bu arada Ebu Cehil,

Ebu Leheb, (hatta Ebu Talib), Umeyye bin Ebi's-Salt, Fasık Ebu Amir, Velid bin Muğire, Urve bin Mes'ud ve daha birçokları bu bağlamda sayılabilir. Bunların tümü büyüklenmeleri, "filan da tanrılarımızı bıraktı veya Muhammed'e bağlandı" denilmesine gönüllerini yatıştırmayıcı büyüklenmeleri dolayısıyla, işte, yerlerine çakılıp kalmışlardır.

Hemen hemen tümü, bununla birlikte, toplum içinde saygınlık ve etkinlikte birinci olmak, en başta bulunmak gibi bir başka büyüklenme itkisinin de etkisi altındadır, Yukarıda saydıklarımızdan Ebu Talib bir yana bırakılırsa, evet, tümü için sebeplerden bir diğeri de bu tür büyüklenmeleridir.

Bu, bir yerde, "çıkar"larını devşirebildikleri dengelerin de korunması kaygısının ürünü olarak göze çarpar. Ki, "çıkar" konusu, bu önde gelenlerin bağımlılandığı bir çerçeveyle sınırlı olarak da kalmamakta, geniş kitlelere yayılmakta; karşılıklı çıkarlar veya sağlanan çıkarlar veya vaat edilen çıkarlar kamuoyunun yöneliminde büyük işlev vermektedir.

İki nokta daha vardır: Tutuculuk ve kavrayış kısırlığı.

İnsanların genelde "yeni" olan karşısında düştüğü çekimserliğe, bir de, Arapların "ata" düşkünlüğünü ekleyecek olursak, "tutuculuk" ögesinin insanları yönlendirmede, yeni bir yöneliş içine girmekten alıkoymada nasıl bir rol oynadığını ayrıca açıklamaya gerek kalmayacaktır.

Ve, kavrayış kısırlığı... Yüce Allah'ın, kendileri için "davar" nitelemesini (25/Furkan: 44) yapmasına yol açan kısırlıkları...

Tüm bunlara ek olarak ve bunların tümünden daha önemli bir diğer etken olarak da yapılan baskılar, düzenlenen tuzaklar, gündeme getirilen korkutmalar ve sürdürülen işkencelerle toplum alanının tam orta yerine dikilmiş olan "KORKU"...

Evet; bir yanda Allah'ın Elçisinin alana uzattığı "iman" bayrağı, diğer yandaysa ortak koşucuların alanın ortasına bir dikilitaş gibi oturttukları "korku" ögesi... Korkutucu (uyarıcı) olarak gönderilmiş bulunan ve cehennem azabıyla korkutmakta olan Elçinin eylemini köstekletttirme yöntemi olarak başvurulan, yine, korku; dünya çerçevesi ve düzleminde korkular... Dünya çerçevesinde diyoruz çünkü o korkular "dünyacı" tutkuları oluşturan ögelerin yer aldığı bir tablo gibidir, yaşamda adeta bir çerçeve oluştururlar. Korkunun düzleme oturtulması ise bilinç yerine algıdan kaynaklanan yüzeyselliğinin ifadesidir. İnsanları asıl korkmaları gerekenden korkmak yolundan alıkoyan bir başka korku ki, böylece, insanlar korkutularak gerçek korkunç sonuca sürüklenmekte...

Bakınız:

"Seninle birlikte doğru yolda gidersek, yurdumuzdan ediliriz, diyorlar." (28/Kasas: 57)

Bu, yalnızca sanıya dayalı bir çekince, bir çekinme değildir. Yaşanan bir gerçeğin anlatımı olarak dile getirilmektedir, korkusunu belirten kimselerce... İman edenler zor altındadır (16/Nahl: 106), büyük cefalara uğratılmış durumda yaşamaktalar (85/Buruc: 10) ve namazlarına bile engel olunmaktadır (96/Alak: 9-10).

Başta Yüce Allah'ın Elçisi Efendimiz aleyhissalatüvesselam olmak üzere inanmışların tümü için, sürekli, düzenler kurulmakta, planlar hazırlanmaktadır (14/İbrahim: 46; 22/Hac: 15; 27/Neml: 70; 25/Fatır: 42; 85/Tarık: 15). Bir yandan yurtlarından çıkmaları için korkunç baskılar yapılırken (28/Kasas: 58), öte yandan daha büyük kimi düzenlemeler için zamanın aleyhe dönmesi beklenmektedir (52/Tur: 30).

VI. Olaylar

Efendimiz aleyhissalatüvesselamın diliyle Ebu Cehil olarak adlandırılan Ebu'l-Hakem Amr bin Hişam gibi, Yüce Kur'ân'da Ebu Leheb (Alevin/Cehennemin Babası) diye anılan Efendimizin amcası Abdü'l-Uzza bin Abdülmuttalib gibi kimselerin öncülüğünü ve önderliğini yapmakta bulundukları "ebucehiller toplumu" eliyle Yüce Allah'ın Elçisine ve O'na inanıp bağlananlara yapılmış olan büyük baskıları, korkunç işkenceleri, toplu küsüleri, yurtlarını bırakıp gitmelerine yol açacak ölçüye varmış olan zulümleri tarih kitaplarından izlemek mümkün...

Bu yüzden, bu kitapta, böyle bir ayrıntıya girilmeyecek, olaylara inilmeyecektir. Ama yine de kimi somut örneklere gereksinme vardır. Bu yüzden konuyu tamamlamış olmak için Prof. Dr. İ. S. Sırma'nın *"İslâmi Tebliğ'in Mekke Dönemi ve İşkence"* adlı kitabından "bölüm başlığı" niteliğinde birer ikişer cümle aktarılarak bu bölüme son verilecektir:

Kâbe'yi ziyaretlerinden birinde Allah'ın Elçisinin hırkasının, ortak koşucularca boynuna dolanarak tartaklanması ve Ebu Bekir'in yetişip kurtarması... Olayda, Ebu Bekir de yara almıştır.

Allah'ın Elçisine, Safa Tepesi'nden geçişi sırasında, Ebu Cehil'in hakaret, küfür ve işkencede bulunması... Sonunda Hamza'nın Müslümanlığı benimsemesine yol açan olay...

Ebu Cehil'in suikast düzenlemesi...

Kâbe'de namazdayken Allah'ın Elçisinin başını taşla parçalama girişimi ve korkutucu bir görünümle Cebrail'i görmesi üzerine korkup çekinmesi...

Abdullah İbni Mes'ud'un Kâbe'de Kur'ân-ı Kerim okurken (ilk kez oluyordu bu) bayıltılıp komaya sokuluncaya dek tartaklanması...

Devlet'in Meclisinde "Herkes kendi kabilesindeki Müslümanları izleyip ihbar edecek; Müslümanlar da hapse atılarak, dövülerek, aç ve susuz bırakılarak; bunlar yetmezse, çıplak olarak güneş altında kumlara yatırılarak cezalandırılacak." kararının alınması ve uygulanması... Bu uygulamalar sebebiyle kimi Müslümanların şuurlarını yitirmeleri...

Ve, Bilal... Umeyye bin Halef'in kölesi olan bu Habeşistanlı... Umeyye'nin onu her gün öğle sıcağında Mekke'nin dışına çıkarması, güneş altında çıplak olarak sırtüstü kumlara yatırması, birkaç kişinin kaldırabileceği bir taşı alıp, göğsünün üstüne bırakması ve her seferinde "kurtuluş" için inkâr ve puta tapınması gerektiğini belirtip, böylece zorlaması...

Ebu Bekir ve Talha'nın bir iple bağlanarak Nevfel tarafından sokaklarda sürüklenmesi... Yine Ebu Bekir'in Kâbe'de bir grup Müslüman'la birlikte saldırıya uğraması, Utbe bin Rabia tarafından kanlar akan yüzünün tekmelenmesi, karnı üzerinde hoplanması, yüzüne tükürülmesi...

Ebu Zer'in, yine Kâbe'de vücudunun "kanlarla kırmızıya boyanmış bir heykel" haline gelinceye kadar pataklanması...

Ve... Yasir Ailesi... Yasir, eşi Sümeyye ve oğulları Ammar... Öğle sıcağında Mekke kumlarına yatırılan ailenin sürekli işkenceye uğratılması... Dahası; Sümeyye'nin el ve ayaklarından ayrı develere bağlanarak, develerin ayrı yönlerde koşturulmasıyla parça parça edilmesi... Ve, ardından Yasir'in şehitliği... Ve Ammar üzerindeki işkencenin taş, tekme ve kırbaçlarla sürdürülmesi... Sonunda bu işkencelerden birinde bilinçten bütünüyle uzaklaşmışken, ortak koşucuların sözlerini ne söylediğini bilmeden tekrar etmesi...

Yaşanılmaz duruma gelen Mekke'den, Habeşistan'a hicret...

Orada bile rahat bırakılmamaları... Habeşistan'dan sürülmeleri için Necaşi'ye armağanlar sunulması...

Ve... Ömer. Ömer'in Müslüman oluşu.

Allah'ın Elçisini öldürmek üzere yola çıkmışken Müslüman olduklarını öğrenmesi üzerine eniştesi ve kız kardeşini ortadan kaldırmak için onların evine gidişi ve orada Müslüman oluşu.

Hamza ve Ömer'le kazanılan güçten ötürü Kâbe'de açıkça ibadet yapılması ve benzeri gelişmelerin birbirini izlemesi.

Bunun üzerine, Müslümanlara "ambargo" uygulanması. Hiçbir Müslüman'la hiçbir biçimde ilişki kurulmayacak, kız alınıp verilmeyecek, alış-veriş yapılmayacak.

Karar, yazılarak Kâbe duvarına asılıyor. Uygulama doğrultusunda Müslümanlarla ötekilerin tüm ilişkilerinin kesilmesi ve dolayısıyla "çağrı"nın yollarının tıkanması olayı. Üç yıl kadar süren ve büyük sıkıntılara yol açan olay. Açlık, susuzluk, ölümler...

Yapılan boykotun ne anlama geldiğini kavramamıza yardımcı olacak örnek bir olayı, gece karanlığında çıkıp da, ayağına çarpan sert şeyin deri olduğunu fark eden bir sahabeden aktaralım. Olayı şöyle anlatıyor:

"Gece karanlığında yürürken ayağıma sert bir şey çarptı. Bu ayağıma çarpan sert şey, topraklar arasında kurumuş bir deri parçasıydı. Anlatılamayacak ölçüde büyük bir sevinç duydum. Hemen götürüp yıkadım. Günlerce suda kaynattık ve onun suyuyla açlığımızı giderdik."

Ve, durumu bu olan Müslümanlara yönelik saldırılara karşı sürekli nöbette olmalar.

Hişam bin Amr'ın çabaları sonucu ambargonun kaldırılmasına karşın, işkencenin kesilmemesi, sürüp gitmesi. Ebu Leheb ve karısının, toplamış oldukları dikenleri Allah'ın Elçisinin geçeceği yollara saçarak, böylece, O'na acı çektirme zevkini tatmaları.

Umeyye bin Halef'in Allah'ın Elçisini alaya alma çabaları. Ve, Ukbe bin Ebi Mu'ayt'ın O'nun yüzüne tükürme edepsizliğini göstermesi. Ubeyy bin Halef'in bir kemiği ufalayarak tozlarını Allah'ın Elçisinin yüzüne savurması.

Derken, Efendimiz aleyhissalatüvesselamın Taif seferi. Tebliğ için imkân bulunabilir ümidiyle gidilen bu yerde de taşlanma, kovalanma, kovulma.

Birinci ve ikinci Akabe biatleri. Mekkelilerin bu biate katılan Medineli Müslümanlardan bile yakaladıklarını işkenceye uğratması ve ashabın Medine yoluna koyuluşu.

Medine yolunun açılmasıyla Müslümanların güçlenmekte olduğunun anlaşılması üzerine Mekke ileri gelenlerinin "işi bitirmek" üzere yaptıkları toplantı. Çeşitli çözüm önerileri. Sonunda Ebu Cehil'in şeytanca planının benimsenmesi ve uygulamaya konulması.

Plan şu: Her kabileden bir genç seçilecek, tümü birden silahlanmış olarak Allah Elçisine saldırıp öldürecekler ve öldürmede "ortaklık" olduğu için de, Abd-i Menaf O'nun kan davası için herkesle savaşmayı göze alamayacağından, iş, "diyet" ödemeyle kapatılacak.

Ve, bu planın uygulamaya konulduğu, silahlı gençlerin plan gereği Allah Elçisin evini kuşattıkları gece, "Hicret" için yola çıkış...

Bölüm 4
KISA BİR DEĞERLENDİRME

Kısa Bir Değerlendirme

"Ebu Cehil" konusunu bütünleştirmek için kısa bir değerlendirme yapmalıyız. Kendisini, toplumunu, toplumuna yapılan çağrıyı ve gösterdikleri tepkiyi topluca ele alıcı çok kısa bir değerlendirme...

Cahiliye Arabistan'ı -ilk belirtilmesi gereken nokta- "dindışı" veya "dine karşı" bir toplum değildir. Belli bir din ve bu dinin inancından olan, bir de "Yaratan ve mukadderata egemen olan" bir "Allah" anlayışı vardır... Öyleyse, bu "din" yalnızca bir "puta taparlık" değildir. "Allah"ı benimseyen bir dindir.

Zamanla, şu veya bu sebeple, kimi "put"lar ortaya çıkmıştır. Başlangıçta "Allah'a yaklaştırsınlar" diye benimsenen bu putlar, gide gide, O'na denk tutulmuş, dahası, ortak koşulmuştur. Böylece "var" olduğuna inanılan "Allah" yaşamdan dışlanmış; (haşâ haşâ) bir "efsane" kahramanı gibi "yarattı" ifadesinin alanı içine hapsolunmuştur.

Günlük yaşamda, "Yaratan ve mukadderata egemen olan" bir "Allah" var, ama "etkinlik"' bağlamında yoktur. Tersine, "aracı" olan putlar ve benzeri varlıklar dolayısıyla O'nun etkilenmesi düşünülebilmektedir. Demek ki, Allah inancının gerçekliği yitirilmiştir.

Bunun, ama başlangıçta ama sonuçta, insanların kendi sanılarını, kendi hevalarını "dinin gereği" saymaktan ve öylece yorumlanmaktan kaynaklandığını görüyoruz. İnsanlar, ama kişisel ama toplumsal yaşamlarında neyin nasıl olmasını istemiş, neyi nasıl uygun görmüşlerse, buna göre "haram ve helal" kategorileri gerçekleştirmişler, yani kendi yaşamlarının kurallarını kendilerince belirlemişler; böylece, gerçekte "puta tapar" olma çizgisini de aşıp, "heva"larına tapan kimseler durumuna gelmişlerdir. Tapınmanın bir yüzünün de "boyun eğme" olduğunu düşünürsek, kendi istediğince kurallandırma yapan Cahiliye Araplarının, bu davranışıyla, kendi "heva"sına taptığını, kendi kendini tanrılaştırmaya kalkıştığını kolayca kavrarız. Kitap içinde değinildiği gibi bu durum Kur'ân-ı Kerim'de de açıkça vurgulanmıştır.

İnsanın "heva"sına tapınmaya başlaması, kurallandırmayı bu doğrultuda yapması ve yaşamını "heva"sına göre biçimlendirmesi sonucunda ortaya çıkan yaşantı, gerçekte, Yüce Allah'a açık açık karşı çıkılan veya Allah'ın unutulduğu bir toplum yaşantısı değilse bile, Allah'ın anlaşılmadığı bir yaşayış biçimidir. Allah ve O'nun buyrukları bilinmemektedir.

Bu "bilmeyiş", işte, "cehil"dir ve bu yüzden de bu topluma, Yüce Allah, "Cahiliye" adını vermiştir. Allah'ın gerçekliğini, Allah'ın buyruklarını bilmemek ve bu bilemeyişten dolayı "bilmezce" bir yaşamı sürdürmek...

Yaşam, "Allah"ın buyruklarına değil de insanların "heva"larına göre biçimlenince, artık, Yüce Allah'ın "gözetim" ve "denetim"i de söz konusu edilmediğinden, bu toplumda

"Ahiret" de unutulmuş ve yadsınır olmuştur. İşte, Cahiliyenin birinci özelliği insanların toplumu kendi "heva"larına göre biçimlendirmesi ise, ikinci özelliği de ölümden sonra hiç hesap vermeyeceklermiş, daha doğrusu dirilmeyeceklermiş gibi inanmaları ve buna göre davranmalarıdır. "Cehl/bilmezlik" olgusunun öteki dünyaya yansıyışıdır bu.

Böylesine bir toplumda kuralları insanların koydukları, toplumu kendi elleriyle biçimlendirdikleri ve öteki dünyayı da unutmuş oldukları için, her toplum gibi burada da bulunan güçlülerin borusu daha yüksek sesle ötmektedir. Dolayısıyla, toplum, onların toplumu olmaktadır. Onların kurduğu, onların kurallandırdığı, onların biçimlendirdiği, onların yönettikleri bir toplumdur çünkü bu toplum.

Onlar da, elbette ki, kendi çıkarlarına göre davranacak ve çıkarlarının sürgit sürmesi için, toplumun bu gidişini sürdürmeye çalışacaklardır. İşte, "Ebu Cehil"lik olgusu bu noktada ortaya çıkmaktadır.

Bilememek, biliyor olsa bile dünyanın hırsına kapılmış olduğundan ötürü bilmez görünmek dolayısıyla Yüce Allah'ı hep yaşamın dışında tutmak, böylece de toplumu kendi çıkarlarına en uygun bir çizgide yürütüp, yönetebilmek. Buna çabalamak. Doğayı ve insanları kendi "heva"sının kalıbına sokarak "dünyacı" bir mutluluğu sürdürebilmek.

Dünyayı biricik yaşam gibi görmek, algılamak, sonrası olmayan bu yaşam üzerinde egemenlik kurmaya çabalamak ve kendince bir yaşamı biçimlendirmek. Ebu Cehil'lik olgusu da, özet olarak bu.

Allah'ın Elçisi, Allah'tan buyruklar getirmiş ve buna uyulmasını istemiştir. Egemenliğin O'na özgü olduğunu, her şeyin sahibinin yine O olduğunu bildirmiş ve öte yandan da

"Ahiret"i canlı bir biçimde yaşama sokmuştur. Bu, insanların "heva"larının ve hevaları doğrultusunda ve uyarınca oluşturdukları tüm kuralların ve bu temel üzerine kurulu toplum yaşamının sonu demektir. Yaşamın Yüce Allah'ın buyruklarına göre biçimlenişi ve çıkar gruplarının, güçlü kimselerin pek çok şeyi elinden çıkarması demektir bu. Büyüklenip durdukları ve neredeyse "tanrı" olduklarını öne sürme noktasına yaklaştıkları toplum içinde tüm güçlerini yitirip, Yüce Allah'a teslim olmalarını zorlayıcı bir oluşum demektir. Kısacası, "tanrıyım" dememekle birlikte toplum üzerindeki sultasıyla "tanrı"nın işlerini yüklendiği ve yetkilerini donandığı sanısı içinde "büyüklenen" Ebu Cehillerin sonu demektir.

Tepki ve karşı koyuş işte bundan dolayı olmuştur Allah'ın Elçisine. Kendi konumlarını yitirip de Yüce Allah'a gerçek anlamda kul olmamak için.

Bunun için direnmişlerdir.

Bu uğurda, ellerindeki tüm imkânları kullanarak ilkin iyi bir kamuoyu oluşturup Hakkın sesini kesmek istemişler; sonra baskılar yapmışlar, işkencelere başvurmuşlar, ambargo koymuşlar, suikastlar planlamışlar, cinayetler işlemişler, savaşmışlar. Sırf toplumu ellerinde tutabilmek ve böylece Yüce Allah'ın buyruklarını toplum yaşamından dışlayabilmek için. Yoksa "Allah birdir" dememek için değil. Böyle bir deyişin, bu yolda bir ikrarın sonuçlarından kurtulmak, günlerini gün etmek ve insanları sömürerek dünyalarını "cennetleştirme" eylemini sürdürebilmek için.

Ama, oluşturdukları kamuoyu da, yaptıkları zulümler de, orduları da, zenginlikleri de sonuç vermemiş; Mekke evlerinden bir evde dünyaya gözlerini açan, kırk yaşındayken çağrıyla görevlendirilen, altı yıl içinde ancak çevresine kırk kişi toplayabilen ve üstelik baskılar karşısında yurdunu bırakacak kadar güçsüz olan bir "yetim", işte, onların dünyalarını tepelerine yıkmış; Allah'ın bilindiği, Allah'ın Rabliğinin, İlahlığının ve Melikliğinin onaylanıp da yaşamın ona göre biçimlendiği yepyeni bir toplum kurmuştur.

Bu, Yüce Allah'ın değişmez yasalarından biridir...

***

Üstat Necip Fazıl Kısakürek oluşumlarla ilgili belirlemesinde şöyle der: "Oluklar çift; birinden nur akar, birinden kir..."

Ebu Cehillerin aktığı kir oluklarının yanı başında bir de nur olukları vardır. "Kir"i tam anlamıyla tanımlamış olmak adına "Nur" oluğunu da görmek ve bilmek gerekiyor.

Kitabın bundan sonraki iki bölümünde "Nur"un akma sürecine ve bu sürecin amacına ilişkin satırlarla bu gerekliliğin gereğini yerine getirmeğe çalışacağız.

Bölüm 5
SÜREÇ

Süreç

I. Kilometre Taşları

İnsanlığın geçmişinde "kilometre taşları/işaret taşları" diye niteleyebileceğimiz pek çok olay vardır. Kimileri çok keskin kırılmalar, kimileri de tedrici gelişmelerin başlangıçları niteliğinde olmakla birilikte, bunlar insanlık için belli alanlarda birer dönüm noktası olmuşlardır: Tekerleğin icadı, sıfır sayısının matematikte kullanılması, radyo dalgalarının bulunması, bilgisayarın yaşama girmesi... Ya da Roma İmparatorluğunun kurulması, Haçlı Seferleri, Osmanlı Devletinin ortaya çıkışı, Fransız Büyük İhtilali, iki büyük Dünya Savaşı, petrolün gücünün anlaşılması, Demir Perde'nin yıkılması... Yahut Yunan'da "felsefe"nin okullaşması, Abbasîler Dönemindeki "çeviri" furyası, Nizamiye Medreselerinin "eğitim"e başlaması, Rönesans, Reform, Aydınlanma Hareketleri, Evrim Teorisi, Tarihsel Materyalizmin dinleşmesi, Psikanalizin bilimsel bir yöntem sayılması... Veya günümüzde toplumların/bireylerin biricik egemen inanışına dönüşen Ekonomizmin filizleşerek yaygınlaşması... Ve irili ufaklı daha birçok şey...

Bir de insanların iç dünyalarını değiştiren ve iç dünyalarındaki bu değişiminin dışa da yansımasına kapı açarak yaşamlarını bütünüyle etkileyen olaylar vardır. İnsanların içinden Yüce Allah tarafından seçilip kendisine Elçilik verilen kimselerin gerçekleştirdikleri çağrının oluşturduğu eylemlerle başlayan büyük olaylar. İster belli bir bölge ya da kavme gelmiş olsun, ister bütün bir insanlığa gönderilsin, her Elçi'nin çağrıya başlamasıyla birlikte dünya bütünüyle değişir, büyük bir dönüşüme sahne olur. İsterse bu Elçi'ye inanan hiç kimse çıkmasın; onun saçtığı tohumlar, kafalarda uyandırdığı sorgulama eğilimi başlı başına bir olay olarak yeter.

İlle de "işaret taşları" denilecekse, ancak bunlara denilmelidir; başkasına değil. Yukarıda sayıp durduğumuz şeyler, bunların yanında olsa olsa minicik dalgalanmalar, yüzeylerde titreşimlere yol açıcı olaylar.

Elçiler dolayımlı olarak gerçekleşen/gerçekleştirilen "insanların dünyasını değiştirici" bu olaylar arasında biri insanların soyunu, diğeri de imanını ilgilendiren iki ayrı dönüm noktası vardır ki, insanlık tarihine silinmez birer damga gibi oturmuşlardır. Çünkü bu oluşumlarla hem soy bakımından, hem inanç açısından dünya âdeta yeniden kurulmuş; Yeryüzü yenilenmiştir.

II. Yenilenme

Bunlardan insanı "soy" bağlamında ilgilendireni, hepimizin bildiği gibi, Nuh Tufanı. O tufanda Yeryüzünün tamamı, en azından Âdemoğullarının yaşadığı bölgelerin tümü sular altında kalmış; Nuh aleyhisselamın gemisinde bulunanlar dışındaki bütün insanlar yok olmuşlardır. (37/Saffat: 77) Az sayıda da olsa bazı kimseler tarafından Nuh Tufanı'nın "bölgesel" olduğu ya da olabileceği görüşü dile getirilmiş olmakla birlikte, bu ayette geçen "Nuh'un soyunu kalıcı kıldık" ibaresi, gemidekiler dışındaki bütün insanların tufan sırasında boğulduğunu açıkça haber vermektedir. Bu yüzden, Nuh aleyhisselam insanların soy bakımından "ikinci ata"sı olmaktadır.

İnsanların inançları bakımından dönüm noktası ise, İbrahim aleyhisselama Risalet/Nübüvvet görevinin verilmesi olayıdır. Adına ister Risalet diyelim, ister Nübüvvet, ister İslâm/İslâmiyet, İbrahim aleyhisselamın Elçiliği ile birlikte bu alanda da bir tür yenilenme olmuştur.

Nuh Tufanı'yla, kökleri Âdem aleyhisselama uzanmakla birlikte, insan soyunun yenilenmesi gibi, İbrahim aleyhisselam ile de, yine damarları Âdem aleyhisselama dayanan, İslâm yenilenmiştir. Bir bakıma, insan soyunun Tufan'da yok edilmesi örneği, insanların inançları da İbrahimî Öğreti'nin gelişi ile birlikte bütünüyle yenilenmiş; öncesinin üzerine adeta bir sünger çekilmiştir.

Gerçekten de, bugün yaşayan dinlerin tamamı şu veya bu yolla İbrahim aleyhisselama, O'nun öğretisine ulaşmaktadır. "İbrahimî Dinler" olarak adlandırılan İslâmiyet, Hıristiyanlık ve Yahudilikten başka, bu küme içinde yer verilmeyen Brahmanlık, belki az sayıda inananı hâlâ bulunan Sabiîlik, izleyicileri kalmamış olmakla birlikte Mecusîlik de, geçirdikleri dönüşümler sebebiyle İbrahimî Öğretiden büyük ölçüde uzaklaşmış olsalar da, aynı kaynağın verimleridir. Brahma adının "İbrahim"le benzeşmesinden tutunuz da, Brahma ile ilgili anlatılanların İbrahim aleyhisselamın yaşamıyla örtüşmesini, Zerdüşt'ün Elçi olup olmadığı konusunun İslâm alimlerince tartışılmış olmasını, Mandenlerin/Sabiîlerin ise Yahya aleyhisselama nispet edilmelerinde ihtilaf bulunmadığını hatırlarsak, bu vurgumuz daha iyi anlaşılır.

Bir noktaya daha değinmemiz gerekecek burada: Kendini İdris aleyhisselama nispet eden Harranîler (bunlara Sabiî demek yanlıştır) ile Şit aleyhisselama dayandıklarını öne süren Mısırdaki Şisîler'in varlığı.

Şit ve İdris aleyhisselamlar bilindiği gibi İbrahim aleyhisselamdan öncedir ve bu durumda da bu iki inancın taşıyıcılarının varlığı, öne sürdüğümüz "yaşayan dinlerin tamamı İbrahim aleyhisselama ulaşmaktadır" yollu belirlememizi sanki açmaza sokmaktadır. Bu görüntüye karşın şu bir gerçektir ki, İdris aleyhisselama nispetliler, onu Hermes adıyla öğretmen belleyip, işi tamamen felsefeye dökmüş, Şisîler de bir tarikata dönüşüp, bir bakıma Müslüman kitle içine girmiş bulunduklarından bu iki Elçi'nin dinlerinin "din" olarak yaşadığını söylemek artık mümkün değildir.

Öyleyse, Nuh aleyhisselamın, soy bakımından insanlığın "ikinci ata"sı oluşu gibi, İbrahim aleyhisselam da inanç bakımından insanlığın "ikinci ata"sıdır.

Nitekim Kur'ân-ı Kerim'e baktığımızda, İslâm'ı tanıtmak/anlatmak üzere kullanılan ifadeler için her atıf/gönderme yapıldığında "İbrahim'in Dini" ibaresini görürüz (3/Âl-i İmran: 84 ve 95; 4/Nisa: 125; 12/Yusuf: 6 ve 38; 16/Nahl: 123). Daha önce Âdem (3/Âl-i İmran: 33; 20/Taha: 122), İdris (19/Meryem: 56-57; 21/Enbiya: 85-86), Hud (7/Araf: 73; 26/Şuara: 123-126) ve Salih (26/Şuara: 143-145; 27/Neml: 45) aleyhisselamlara elçilik verildiği halde, gönderme hep "İbrahim"in adına yapılır.

Ondan önce gönderilenlerden olan Nuh aleyhisselam ile bağlantının bulunduğu ayetlerde de (3/Âl-i İmran: 33; 4/Nisa: 163; 7/A'raf: 59-61 ve 65; 11/Hud: 25, 28, 29; 29/Ankebut: 14; 71/Nuh: 1) durum daha farklı değildir. Bunlardan birinde elçilerden söz alma olayı aktarılırken her ikisi bir arada anılır (37/Saffat: 83), bir diğerinde her ikisinin de "gönderildiği" bildirilir (57/Hadid: 26. Sonraki ayette "bunların izinden art arda" Elçiler gönderildiği haber verilir). Bir diğer ayette ise Nuh aleyhisselam ve sonraki elçiler gibi Efendimiz aleyhissalatüvesselama da vahiy edildiği belirtilir ve bunlar arasında İbrahim aleyhisselamın da adı anılır (4/Nisa: 163).

İbrahim aleyhisselam ile birlikte adı anılan kendisinden önceki elçilerden İdris aleyhisselamın anılışı ise (19/Meryem: 56), doğrudan doğruya "kendilerine nimet verilmiş elçilerden" olması bağlamındadır (19/Meryem: 58). On ayetten oluşan bu bölümde de, yine "Din" için öncekilere gönderme yoktur (19/Meryem; 49-58).

İbrahim aleyhisselam ile kendisinden önceki elçiler arasında "İbrahim'in Dini" bağlamında bağlantı kurabileceğimiz tek elçi olarak, belki, Nuh aleyhisselamı gösterebiliriz. Çünkü "İbrahim de Nuh'un kolundandı" haberine sahip bulunuyoruz (37/Saffat: 83). Buraya "kolundandı" biçimindeki anlamını aldığımız kelimenin aslı, Kerim Kitap'ta "şiatihi" olarak geçmektedir; "Onun şiasındandı." Şia, bilindiği gibi, "taraftar, yandaş, izleyici, kol" anlamında bir kelimedir. Bu ayete göre, İbrahim aleyhisselam, Nuh aleyhisselamın izleyicisi oluyor.

Bununla birlikte, "din" söz konusu edildiğinde, yine de "izlenen" Nuh aleyhisselama değil, onun "izleyicisi" İbrahim aleyhisselama, "İbrahim'in Dini" diye ona gönderme yapılıyorsa, bunu belki de iki seçenekle açıklayabiliriz:

Bunlardan ilki, burada kastedilen "şia"nın, izleyiciliğin, sonradanlık anlamında soyca o koldan olduğunu ifade ettiğini düşünmek. İkincisi ise, aradaki Hud ve Salih aleyhisselamların kendi kavimlerine gönderilmiş olmalarına karşın, İbrahim aleyhisselamın da Nuh aleyhisselam gibi bütün insanlık nezdinde elçilikle görevlendirilmiş bulunması.

III. Üçüncü Seçenek

İdris aleyhisselamı, izlediği Atamız Âdem aleyhisselam ile birlikte düşündüğümüzde, İbrahim aleyhisselamın Nuh aleyhisselamı "izliyor" olmasına karşın "Din" bağlamında "Nuh" değil de "İbrahim" adına gönderme yapılması olayını anlamak için üçüncü bir seçenek daha olduğunu görürüz.

Şöyle ki: Din/İslâm, Atamız Âdem aleyhisselam ile gelmiş olmakla birlikte, Nuh Tufanı öncesinde yaygın bir biçimde İdris aleyhisselamın adıyla bilinmiş ve yayılmış olsa gerek. Tufan sırasında Nuh aleyhisselama inananlar dışındaki bütün insanların telef olmasına ve dolayısıyla onlarla birlikte dinlerinin de ortadan kalkmış bulunmasına karşın, Tufan'dan sonra bir dinin ve üstelik de İdris aleyhisselama izafeten tekrar Mezopotamya'da görülmesi, bizde bu kanının oluşmasına yol açmaktadır.

Zayıf bir olasılıkla Gemiye binenlerden biri mi bu dini "yeni" dünyaya taşıdı; yoksa hâlâ bugün de Harranîler tarafından "İdris'in Kitabı" diye gösterilen kimi yazılar bulundu da mı bu "din" ortaya çıktı; bunu bilemiyoruz. Bildiğimiz bir şey varsa, "İdris"in ilk öğretmen olarak nitelendirildiği ve adına Hermetizm denilen bu öğretinin varlığını çok geniş bir alana yayılmış olarak sürdürüyor olduğudur. İster Hindu Dinleri bağlıları, ister Yahudiler, ister Hıristiyanlar, ister Müslümanlar, ister başta Masonluk ve Tapınak Şövalyeleri olmak üzere bütün gizli örgütlerin mensupları olsun. Bunlar arasında çok geniş bir kitlede ve kiminde "Hermetizm", kiminde "Tasavvuf", kiminde "Mistisizm" ve kiminde de başka adlarla sürüp giden ve andıklarımız arasında semavî olan dinlerden bir bölümünü bütünüyle, bir kısmını da kısmen bozmuş/yozlaştırmış olan bir yaygınlık içinde hem de...

Nuh aleyhisselam kendisine indirileni Tufan'dan kurtulmuş olan kavmine tebliğ etmişti. Hud ve Salih aleyhisselamlar ile ilgili haberlerden öğrendiğimize göre de, onlar ancak kendi kavimlerinin sapkınlıkları ve çirkinlikleri ile savaşmışlardı. İbrahim aleyhisselam ise, işte, inançları arasına Gökcisimlerine tapınmayı da katmış bulunan bu andığımız inançla karşılaşmış ve kavgasını onlara karşı vermişti. Demek ki, artık, "İdris'in Dini" diye öne sürülen inancın/öğretinin karşısında bir de onunla savaşan "İbrahim'in Dini" vardı... Birincisi, Nuh Tufanı'nda inananları ile birlikte yok edilen; ikincisi ise, ilk kez Atamız Âdem aleyhisselama indirilmiş olmakla birlikte Nuh Tufanı'ndan sonra Nuh aleyhisselama indirilen ile "yenilenen" din. Ve ilkine karşı savaşımı sürdüren İbrahim aleyhisselam olduğu için adlandırma da "İbrahim'in Dini". Ta ki, görüntüde her ikisi de "tevhidî" olmakla birlikte, biri diğerinden ayırt edilebilsin.

IV. Temel Fark

İkisi için de "tevhidî" diyebildiğimiz bu iki din, "İdris'in Dini" diye öne sürülen ile "İbrahim'in Dini" arasındaki en temel farkı belirlemek için, önce mistik söylemlerin kendilerine inanacak ve bağlanacak olanlarda aradığı ilk koşula, sonra da Kur'ân-ı

Kerim'in "İbrahim'in Dini" ile ilgili vurgularından aynı bağlamda olanına bakmamız gerekiyor:

Hermetizm/mistisizm/tasavvuf kümelenmesinde yer alan öğretilerde yola ilk atılacak adım, tam bir "teslimiyet" ile gerçekleşir. Hani "gassal elinde meyyit" diye ifade edilen koşul.

"Ve ahdine vefa gösteren İbrahim'in Dinine" göre ise (53/Necm: 37), "hiç kimse, hiç kimsenin yükünü çekemez" (53/Necm: 38), "insan ancak çabaladığına erişir" (53/Necm: 39), "herkesin çabası kuşkusuz görülecektir" (53/Necm: 40), "(herkese çabasının) tam karşılığı verilecektir" (53/Necm: 41). Bu ayetlerdeki vurguyu daha belirginleştirmek için, Muhammed Esed'in mealinden 38'inci ayete getirmiş bulunduğu kısa açıklamayı aktaracağım:

"Bu temel ahlakî kural Kur'ân'da beş kez geçmektedir. 6:164, 17:15, 35:18, 39:7'de ve nüzul sırasına göre ilki olan yukarıdaki ayette. Bu kuralın anlam ve sonucu üç aşamalıdır: ilkin, insanoğlunun doğumundan itibaren yüklendiği "ilk günah" şeklindeki Hıristiyan doktrini kesinlikle reddedilmektedir; ikincisi, kişinin günahlarının bir azizin veya peygamberin kendini feda etmesi sayesinde "bağışlanabileceği" fikri reddedilmektedir (mesela, Hz. İsa'nın insanlığın günahkârlığı için vekâleten kendini feda etmesi şeklindeki Hıristiyan doktrininde yahut insanın Mithras tarafından vekâleten kurban edilmesi şeklindeki daha eski Pers doktrininde olduğu gibi); ve üçüncü olarak da, günahkâr ile Allah arasındaki herhangi bir "aracılık" ihtimali reddedilmektedir." (Esed, Muhammed, Kur'ân Mesajı, Çeviri: Cahit Koytak/Ahmet Ertürk, İşaret Yayınları, İstanbul, Ekim 2000)

"İdris'in Dini" diye sunulduğu için bizim de öylece adlandıra durduğumuz mistik inançlar ve bu arada tasavvufî öğretilerde, tam teslimiyet isteme ve tamamen teslim olma gereğince bağlananın her türlü sorumluluğu bağlanılan tarafından yüklenilirken, "İbrahim'in Dini"nde kişisellik söz konusudur.

"İbrahim'in Dini"nde teslimiyet ancak Yüce Allah'adır (2/Bakara: 133 ve 136; 3/Âl-i İmran: 20 ve 84; 6/En'am: 71; 22/Hac: 34; 68/Kalem: 35; 72/Cin: 14 ve daha pek çok ayet...). Farklı bir bağlama çekilebilecek Süleyman aleyhisselam kıssasında geçen -Melikeye ilişkin- "teslim" ve "teslimiyet" sözcükleri ise, siyasal bağlamlıdır (27/Neml: 31 ve 38). Nitekim Melikenin İslâm'ı kabulünden sonra dile getirdiği "Ben Süleyman ile birlikte Âlemlerin Rabbine teslim oldum" (27/Neml: 44) cümlesi de dinsel/yaşamsal bağlamda ancak Yüce Allah'a teslim olunabileceğinin bilincine eriştiğinin ifadesidir. Yine aynı durumdaki "Ey müminler siz de Elçi'ye salâvat getirin ve tam bir teslimiyetle selâm verin!" (33/Ahzab: 56) mealindeki ayette geçen "teslimiyet" sözcüğü ise kimilerince "içtenlikle selâm verin!", kimilerince de "onun önderliğine teslimiyetle selâm verin!" olarak yorumlanmıştır. Çünkü Yüce Allah'tan bir başkasına teslimiyet Kur'ân-ı Kerim'in özüyle bağdaştırılamamıştır.

Elçi'ye ise, yalnızca "itaat" istenir (2/Bakara: 285; 3/Âl-i İmran: 32 ve 132; 4/Nisa: 59; 5/Maide: 92; 8/Enfal: 20 ve 46; 24/Nur: 51; 33/Ahzab: 71; 64/Tegabun: 12 ve pek çok ayet). Şu var ki, Elçi'ye itaatin Yüce Allah'a itaat olduğu da açıkça ifade edilirken (4/Nisa: 80; 47/Muhammed: 33), öte yandan da Nuh aleyhisselamın kavmine uyarısı dolayımıyla "Allah'tan korkun ve bana itaat edin; Allah'a karşı gelmekten sakının ve bana itaat edin!" vurgusu yapılarak Elçi'ye olan bu itaate açıklık getirilir (26/Şuara: 108, 110, 126, 131, 144, 150, 160, 179 ve 71/Nuh: 3).

Burada, "ola ki" diye bir paragraf açalım: Ola ki, İdris aleyhisselam döneminde, Tufan öncesi zamanlardaki insanların kavrayışları yeterli olmadığından dinlerinde öncülük etmekte olanların onlardan tam bir teslimiyette bulunmalarını istemeleri gerekiyordu. Eğer, İdris aleyhisselamın uygulamalarında gerçekten de tam bir teslimiyet istemek söz konusu olmuşsa, bunu ancak insanların kavrayışlarının darlığıyla açıklayabiliriz.

Öyle olmuş olsa bile, demek ki bu uygulama tam bir sapkınlığa yol açmış olacak ki, insanların tümü birden dinleriyle birlikte Tufan ile yok edilmiş ve yeni bir dünya için din de yenilenmiş; teslimiyet ve itaat arasındaki farkı ayırt edebilecek bir düzeye gelmiş bulunan insanlığa, işte, "İbrahim'in Dini" iletilmiştir. Yani, Elçi'ye "bizi güt!" demeyi yasaklayıp da ancak "bizi gözetiminde bulundur!" (2/Bakara: 104) diyen bir din..

V. İşaret Taşı

Olayı bu açıdan değerlendirecek olursak, insanların dinsel gerçekleri kavrama düzeyleri bağlamında yeni bir işaret taşı sıralamasına tanık oluruz:

1. Nübüvvetin insanlardan tam bir teslimiyetle Nebi'ye, dolayısıyla da azizlere, âlimlere ve benzeri din öncülerine teslim olunmasını öngördüğü ilk/ilkel çağ; Atamız Âdem aleyhisselam ile başlayıp, Nuh aleyhisselam ile biten dönem. Biz buna "güdüm çağı" diyebiliriz. Bayrak isim, İdris aleyhisselam.

2. Nübüvvetin insanlardan yalnızca Yüce Allah'a teslim olmalarını, Elçilere ise ancak itaatin gerektiğini öngören ikinci çağ; Nuh aleyhisselam ile başlayıp Efendimiz aleyhissalatüvesselam ile sona eren dönem. Biz buna "tebliğ çağı" diyebiliriz. Bayrak isim, İbrahim aleyhisselam.

3. Nübüvvetin sona erdirildiği çağ (33/Ahzab: 40). Biz buna "özgür irade çağı" ya da "akletme çağı" diyebiliriz. Efendimiz aleyhissalatüvesselamın vefatı ile başlayan ve Kıyamete dek sürecek olan dönem. Tek Bayraktar ise, Muhammed Mustafa aleyhissalatüvesselam.

Şu var: Nasıl ki, üçüncü dönemin tek bayraktarı Efendimiz aleyhissalatüvesselam "İbrahim'in Dini"ni izlemiş ise, bu üçüncü dönemde yaşayanlar da yalnızca Onu, Efendimiz aleyhissalatüvesselamı izleyeceklerdir.

Çünkü, artık, teslimiyetlerini emrettikleri kimseleri eğitici-öğretici-güdücü ya da itaatlerini istedikleri insanlara tebliğde bulunucu, onları gözetici Rasûller/Nebiler ya da "varis" görüntüsüne bürünmüş vekiller olmayacak, gelmeyecek. Artık, insanoğlu önüne bir yol haritası gibi konulmuş bulunan Kur'ân-ı Kerim ve onun açıklaması olan Efendimiz aleyhissalatüvesselamın yaşamının bilgisi imkânının sahibi olarak ve sahip bulunduklarını akledererk özgür iradesi ile kendi kendini yönlendirecek, yönetecek. Bu yürüyüşünde, ona, elbette, Efendimiz aleyhissalatüvesselam tarafından "varislerim" diye nitelenen alimler yardımcı olacak. Bilgilendirmekle yetinen, ama asla ve asla kendi şahıslarına itaat edilmesini, hele hele de teslimiyette bulunulmasını talep etmeyen sahici "varis"ler...

Bu durumda, Kerim olan Yüce Allah, keremli kıldığı Âdemoğullarına Kerim Elçisi eliyle açtırdığı bu kapıyı göstererek ve Kerim Kitap'ı da emanet ederek yeni ve üstün bir keremi layık görmüşken, ilkel bir kavrayışla din ve dindarlık adına hâlâ kimilerine teslimiyette bulunup güdülmeye talip olanlar varsa, artık onlara söylenecek bir söz de kalmamış demektir...

Bölüm 6
AMAÇ: ÖZGÜR BİREY

Amaç: Özgür Birey

İnsanın, insanlığın atası Âdem aleyhisselamın yaratılış sürecini hatırladığımızda üç noktanın dikkatimizi çektiğini görürüz:

Bunlardan ilki, onun "Yeryüzü için halife kılınmış" bulunması.

İkincisi, kendisine "eşyanın isimlerinin öğretilmiş" olması.

Üçüncüsü ise, meleklerin secdesine karşın, İblis'in ona secdeden kaçınması olayıdır.

Bunlara bir de, belki, "ruh üflenmesi" gerçeğini eklemek gerekir; Yüce Allah'ın "ruhumdan" diye nitelediği "ruh".

Bunların hepsi bir arada bize Atamız Âdem aleyhisselamın ya da "insan" diye adlandırılan yaratığın fotoğrafını verir. Eksiksiz bir fotoğraf. Melekler tarafından dile getirilen "Orada bozgunculuk yapacak, kanlar akıtacak birini mi var edeceksin?" cümlesi insana ilişkin ifsat ve kan dökücülük gibi iki özelliğin varlığını daha düşündürüyor olsa da, bu ifade üzerine Yüce Allah'ın, "Ben sizin bilmediklerinizi bilirim." buyurması bu özelliklerin "temel" nitelikte olmadığı, belki arızî bir tutum olarak görülmesi gerektiği açılımına elverdiği için, biz, andığımız noktaların "insan" için yeterli bir fotoğraf olduğu görüşündeyiz.

Bu görüntüde temel nokta insanın "Yeryüzü halifesi" olduğu gerçeğidir. Gerek "eşyanın isimlerinin öğretilmesi" ve gerekse "ruh üflenmesi" halifelik işlevinin gerçekleştirilmesini sağlayıcı enstrümanlar/aletler mahiyetindedir. Dahası, esas olan "eşyanın bilgisidir" de, "ruh" bu bilginin hayata geçirilmesi, halifelik gereklerinin yerine getirilmesi için verilen bir yetki, yapılan bir yetkilendirmedir.

Yüce Allah'ın "ruh" hakkındaki bilgilendirmesinde "Sana 'ruh'tan soruyorlar; de ki, o, Allah'ın emrindendir." buyururken, "ruh"u "emr" olarak nitelemesi de, gerçekten, bu "yetkilendirme"yi görebileceğimiz bir haberdir.

***

Burada bir "ara söz" açacak, konumuza ondan sonra devam edeceğiz:

İçinde tasavvuf kollarının da yer aldığı "Vahdet-i Vücut" temelli Mistik/Sırrî inançlardaki Geleneğe göre, insan için "esas" olan Kur'ân-ı Kerîm'de haber verilenden daha farklı anlamlar yüklenmiş olan "ruh"tur. Tanrı ile ilişkiler, tanrısal buyruklar ve tanrılaşma süreci bu "ruh" anlayışı üzerine kuruludur. Bu anlayış bağlamında "ruh" çeşitli yöntemlerle arındırılıp, yüceltilmek suretiyle "Marifet"e erişir ve Marifet yoluyla edindiği bilgilerle de "Tanrı'da yok olmak suretiyle Tanrı'yla var olur". "Fenafillâh, Bekabillâh" diye andıkları süreç...

Rasûller tarafından tebliğ edilen dinlerdeki inançlarda ise, esas olan, Yüce Allah tarafından "Vahiy" yoluyla iletilmiş bulunan "haber" bağlamındaki "bilgi"dir. İnsanlar bu "bilgi"yi yaşamlarına taşıyarak kurtuluşa erişirler.

Ruh bağlantılı Marifet değil, "bilgi" bağlamlı "Vahiy" diyebiliriz biz buna...

İnsan için esas olanın "ruh" değil de "bilgi" olduğu, "ruh"un bu "bilgi"yi hayata geçirmede bir yetki olarak alınması gerektiği konusuna açıklık getirmek üzere dile getirdiğimiz bu "ara söz"ü burada sonlandırarak konumuza geçebiliriz.

***

İmdi, bu değinilerimizle "Yeryüzünde halife" olsun diye yaratılmış insan, bu insanın halifelik gereklerini yerine getirebilmesi için ihtiyaç duyacağı konularla ilgili bilgilere sahip kılınması ve bu bilgilerin uygulamaya konulmasının gereği olarak "yetki" ile donatılmışlığı olguları yerli yerine oturmuş bulunduğuna göre, fotoğrafta yer alan İblis'in secdeden kaçınması olayına geçebiliriz.

Olaya ilk baktığımızda görünen şudur. Melekler secde ederken, İblis bundan kaçınmıştır.

Evet; Yeryüzü için "halife" yaratılması haberini öğrendiklerinde Yüce Allah'a "Biz seni devamlı olarak hamd ile tespih ve takdis ediyoruz." diyen; üstün bir yaratılışta bulunmakla birlikte tam teslimiyet gereği irade kullanımı cihetine gitmemekten/gidememekten ötürü "irade sahibi olmamak" konumunda görünen meleklerin bu durumları gereği secde buyruğunu yerine getirmelerine karşın İblis'in secdeden kaçınması.

İblis'e niçin secde etmediği sorulur. İblis kendince gerekçelerini sıralar. Bu haber, bize, İblis'in meleklerdeki bağlamda değil de, farklı bir teslimiyet içinde "iradesi" ile hareket etmekte olduğunun ipuçlarını verir. Demek ki, İblis, Yüce Allah'ın hikmeti gereği "irade" sahibi kılınmış ve iradesini kullanan bir yaratık. Meleklerden ayrı, farklı yanı da bu...

Ve, nasıl ki melekler "Yeryüzü için halife" olacak olanın "fesat çıkarıcı, kan dökücü" olacağı konusunda bilgilendirilmiş ise, ola ki, İblis de bu yaratılmış olanın halifelik bağlamında "irade sahibi" olacağının bilgisindedir. En azından ona "eşyanın isimlerinin öğretilmesi" ve "ruh üflenerek" yetki verilmesi aşamalarında bunu anlamış bulunmaktadır. Kendince gerekçeler üretmesine ve bunları sıralamasına karşın, Yüce Allah bilir ya, onu secdeden kaçındıran da "kendisi gibi" irade sahibi olacak birinin yaratılış sürecine sokulmuş olması dolayısıyla içine düştüğü haset/çekememezlik duygusudur. Ve bu haset sebebiyle de o andan itibaren de "insan"a düşman...

Demek ki, Kur'ân-ı Kerim'in haberleri ile bize bildirilen "yaratıklar çerçevesi" içinde iki ayrı kategori ile karşı karşıyayız. Tam teslimiyet içinde bulunan melekler ve de teslim olup olmama noktasında serbest bırakılmış olan İblis ve Atamız Âdem aleyhisselam; ya da süreç içindeki adlandırılmaları ile Şeytan ve İnsan...

Şeytan bu davranışı sebebiyle kovulmuşlardan olur ve insanlara yapacağı düşmanlıklar/kötülükler alanında kendi haline bırakılır. Hem de insanların tekrar diriltileceği güne değin.

Atamız Âdem aleyhisselam ve eşi ise "cennet"te yerleştirilir. Bu olayın Kur'ân-ı Kerim'de "üskûn" kelimesi ile ifade edilmesi, orada kalıcı olunamayacağının işareti. Nitekim bilindiği gibi Şeytan'ın fısıldamaları doğrultusunda "Yasak Ağaç"a yaklaşmaları sebebiyle oradan çıkarılıp, Şeytan ile birlikte Yeryüzü'ne indirilirler.

***

Bu noktada bilinen ayrıntılara girmeden sonuçlara vurgu yaparak bir "ara söz" daha açacağız:

Şeytan'ın "Yasak Ağaç"ın mahiyeti hakkında Atamız Âdem aleyhisselama fısıldadıkları...

Atamız'a "eşyanın isimleri" öğretilmişken, Şeytan ona bilmediği, öğretilmemiş, yani kendisinde olmaması gereken bir şeyi; hatta "sakın yaklaşmayın!" denilmiş olan "Yasak Ağaç"

ile ilgili bir şeyi, insana "kalıcılık, melekleşme ve sarsılmaz saltanat" sağlayacağı savıyla "Size haber vereyim mi?" diyerek fısıldar.

İşte bu olay, İnsan'ın "Bâtınî/Gizli İlim/Bilgi" diye anılan Şeytanî fısıldamalar ile ilk karşılaşmasıdır. Bu "bilgi" doğrultusunda hareket eden Atamız'ın "kalıcılardan olmak, melekleşmek ve sarsılmaz bir saltana erişmek" amacına varamayışı bir yana, Yüce Allah'ın "itab"ı ile karşılaşıp "cennet"i de yitirdiğini söylememize bilmem gerek var mı?

***

İnsan, beraberinde Şeytan bulunduğu halde Yeryüzüne indirilme basamağında iken, Yüce Allah'ın rahmeti gereği iki hitaba daha muhatap olur.

İlkinde ona kimi "sözler" bahşedilir ve o bu sözlerle "tevbe" eder; Şeytan'ın fısıldadığı "bilgi"yi terk ile Yüce Allah'a döner, sığınır.

İkinci hitapta ise, "Gerçek Bilgi"nin ulaştırılma yolu bildirilir: "Size yol göstericiler gelecektir."

Eğer bu yol göstericilere uyulursa, onlar izlenirse, "kurtuluş"a erişilecektir.

Demek ki, "insan" için bu "yol göstericiler"e uyup uymama konusunda eskilerin deyimi ile bir "muhayyerlik" vardır. İnsan, kendi seçimini kendisi yapacak ve bu seçimin sonuçlarına da katlanacaktır.

Burası, işte, "insan"ın "özgür iradesini" kullanacağı noktadır; yani, "birey" olma aşamasına adım attığı/atacağı yer.

Bu "birey" olma o kadar önemli ki, nitekim, hesap gününde kendi iradesini terk etmiş olanların kendilerini savunmak için söyleyecekleri "biz öncülerimize uyduk" cümlesi onlar için bir "kurtuluş" bahanesi değil de, "Öyle ise öncülerinizle birlikte girin cehenneme!" buyruğunun gerekçesi olacaktır.

***

Bireyselliği bu ölçüde önemle vurgulayan Kitap, öte yandan da ümmetlerden, topluluklardan, hiziplerden, kavimlerden, kısacası "insan yaşamının toplumsal yanı"ndan söz eder. Dahası toplumsal yaşam için temel ilkeler koyar.

Toplumlar ile ilgili olarak farklı bağlamlardaki durumlar için söz konusu olan adlandırmaları bir yana bırakarak "toplumsallaşma" olayının dinamikleri açısından baktığımızda ise, Kitap'ta anılan iki ayrı "model"den söz edebiliriz: Asabe ve cemaa...

Türkçemizde "cemaa"nın "te" takısıyla "cemaat" biçiminde okunuşu bulunmakta, "asabiyet" sözcüğü ile kökteş "asabe" kelimesinin "te" takılı biçimi olarak "asabet" kelimesi kullanılmamaktadır. Bununla birlikte biz bu iki modeli Türkçeye uygun olarak "cemaat" ve "asabet" diye adlandıracağız.

Gerek cemaat ve gerekse asabet birer topluluğu ifade ederler. Her ikisinde de topluluğun üyeleri, bu topluluğa önderlik/öncülük kimse/kimseler, topluluğun toplumsal yaşamını düzenleyen ilkeler/kurallar ve bunların uygulayıcısı kurullar/kurumlar ve de bunları sağlayıcı gerekliliklerin tümü vardır. Öyle ki dıştan bakıldığında, daha doğrusu "oluşum" biçimi/süreci göz ardı edildiğinde bunları birbirinden ayırt etmek neredeyse mümkün değildir.

Oluşum açısından bakıldığındaysa, teorik olarak/ilkesel bağlamda, temel dinamikleri bakımından şu farklar görülür:

Asabetin oluşumunda "tutkunluk", cemaatin oluşumunda ise "katılım" söz konusudur.

Asabette toplumun yönetimini, egemenliği şu veya bu yolla ele geçirmiş bir öncü; cemaatte ise, toplum tarafından yetkilendirilmiş bir önder bulunur. Haliyle de asabette öncünün konumu ve buyrukları tartışılamaz iken, cemaatte, önder, topluluğu oluşturan bireylerin onayıyla seçilmiş bir kimsedir.

Asabette "öncü" tarafından konulmuş kurallar, bu kuralları uygulayan yerleşik kurumlar; cemaatte ise, toplum yaşamının temeli niteliğinde ilkeler, bu ilkeleri ortama ve şartlara göre yorumlayarak toplum düzeninin sürgitini sağlayan kurallar bulunur. Örneklendirmek istersek, asabette "hâkim"ler vardır, kurallara göre hüküm veren; cemaatte ise her olay ve durum için tarafların belirleyeceği "hakem"ler söz konusudur, ilkeleri şartlara göre yorumlayarak tarafların anlaşmasını sağlayan.

Bu açıdan bakıldığında kanunlaştırılmış hukukun uygulandığı toplumlar asabete, ilkelerin şartları göre yorumlanmasıyla oluşmuş hukuk külliyatını göz önünde tutucu yorumlarla yargılama yapan toplumlar ise cemaate daha yakındır.

Asabette "töre" ve "törenler" esas iken, cemaatte "maruf"un sade bir biçimde yaşanması söz konusudur. "Marufu emir, münkeri nehiy" uygulaması diyelim, kısaca.

En önemli nokta ise, toplumun sosyo-politik yapısını oluşturan kararlarda asabette belirleme yetkisi birer "buyruk" olarak öncüden aşağıya doğru kademeli olarak inerken, cemaatte yapılanma danışmaya dayalı bir ortak kararın ürünü olarak aşağıdan yukarıya doğrudur.

Asabet, asabiyet bağıyla bağlı insanların toplumu; cemaat ise, katılım yoluyla oluşturulmuş bir birlikteliktir.

Şu var ki, cemaatte ilkelerin uygulamaya geçirilmesi aşamasında gerçekleştirilen danışma sürecinde her fert fikrini beyan ederken ve bütün fikirler tartışılırken, "ortak akıl" tarafından verilen kararlara uyma noktasında "ihtilaf"ların dayanak olarak kullanılması söz konusu değildir.

Asabet körü körüne bir bağlılığın ürünü sürüleşmişlik hali iken; cemaat, bireylerin özgür iradeleri doğrultusunda katılımda bulundukları bir birlikteliktir, bir beraberliktir.

***

İçtihat kapısının kapanmış/kapatılmış olması ya da sayılması, Müslüman toplumların yapısını cemaatten, asabete evirmiştir. Çünkü toplum artık ilkeleri şartlara göre yorumlayarak yaşamına aktarmak yerine, kesin ifadelerle oluşturulmuş kurallara göre yaşamak zorunda kalmıştır/bırakılmıştır.

Ülkemizdeki, belki de tüm İslâm Âlemindeki toplumsallığın her yöne dönük açılımında yaşanmakta olan sıkıntıların temelinde de cemaat şuurunu kaybetmiş bulunan kitlelerin kendine öncü edindikleri kimselere bağlılık içinde bir asabet yaşamına tutuklanmış olmaları ve üstelik bunu "cemaatleşme" olarak görmeleri gerçeği yatmaktadır.

Asabet; ferdiyeti, bireyselliği, ferdi/bireyi öldürmüştür. Bireylerin bulunmadığı yerde de "cemaat" haline gelmenin imkânı yoktur.

Kendisine vahyedilen dışındaki hemen her konuyu doğrudan doğruya ya da dolaylı yolla "danışan" bir Nebi'nin "sorup tartışma yapabilen" ümmeti, bugün, kimisi açıkça ve bilerek ve kimisi de farkında olmayarak öncü kabul ettikleri kimselere kayıtsız şartsız "biat" eden/etmek zorunda kalan kimseler konumuna düşmüştür.

Öyle ki, kimi "öncü"lerin kendilerince tanımladıkları Müslümanlıklar var ama, gerçek anlamda "Müslüman Birey" pek kalmadığından onların oluşturduğu bir cemaat de bulunmadığı için Nebevî Müslümanlık, handiyse, ortalıktan el ayak çekmiştir.

Asabiyet bağlamlı topluluk bağlıların birbirleri ile olan "kardeşlik" bağlarının yerini "müminlerin kardeşliği" bilinci almadıkça da bu böylece sürüp gidecektir; ey "muhterem kardeşlerim", ey "aziz kardeşlerim", ey "can kardeşlerim" ve de ey "kan kardeşlerim" diyenler, bunu böylece biliniz.